时代光华 · 中国企业培训大系 ■

做 | 中 | 国 | 最 | 优 | 质 | 的 | 经 | 管 | 培 | 训 | 资 | 源 | 服 | 务 | 商

网络营销
实战全书
INTERNET
MARKETING HANDBOOK

石建鹏◎著

北京联合出版公司

图书在版编目（CIP）数据

网络营销实战全书/石建鹏著. —北京：北京联合出版公司，2012.12
ISBN 978 - 7 - 5502 - 1090 - 5

Ⅰ.①网… Ⅱ.①石… Ⅲ.①网络营销 Ⅳ.①F713.36

中国版本图书馆 CIP 数据核字（2012）第 242776 号

网络营销实战全书
作　　者：石建鹏
选题策划：北京时代光华图书有限公司
责任编辑：李　伟
特约编辑：李淑华
封面设计：可圈可点
版式设计：曾　放
责任校对：王业云

北京联合出版公司出版
（北京市西城区德外大街 83 号楼 9 层　100088）
北京晨旭印刷厂印制　　新华书店经销
字数 190 千字　　787 毫米×1092 毫米　1/16　　15.25 印张
2012 年 12 月第 1 版　　2012 年 12 月第 1 次印刷
印数 1 - 8 000
ISBN 978 - 7 - 5502 - 1090 - 5
定价：45.00 元

第四章　博客营销

第六章 软文营销

网络无限，营销倍增

在国际金融界曾流传过这样一句话："现在还不在中国开展金融业务的银行，50 年后将被世界遗忘。"同样，这句话也可以套用到网络营销领域——"现在还不开展网络营销的企业，10 年后将被消费者遗忘。"这种说法并非没有根据。

2012 年 7 月 19 日，中国互联网络信息中心发布了《第 30 次中国互联网络发展状况统计报告》（以下简称《报告》）。《报告》显示：截至 2012 年 6 月底，我国的电脑网民数量已达 5.38 亿，手机网民数量已达 3.88 亿。这就是现在不可小觑的互联网大环境，它充分说明了网络市场的庞大。

这些网民，以年龄在 20 ~ 39 岁的年轻人为主，其中有大专及大专以上学历的人超过 85%。他们是互联网经济发展的重要目标群。不论是从年龄、受教育水平，还是从收入水平来看，这一群体都与企业营销的目标对象非常吻合。对企业来说，这意味着无限的商机——我们有通过互联网提升品牌价值的机会，有让这些人成为我们的客户、购买我们的产品的机会。

这么大的市场空间，企业要不要占有？当然要。问题是互联网市场如此庞大，我们的机会在哪里？怎样才能把握网络商机？通过哪些途径才能与竞争对手博弈？

《报告》对网络应用的使用率进行了统计，这些统计数据依次是：即时通信占 82.8%；搜索引擎占 79.7%；网络音乐占 76.4%；网络新闻占 73.0%；博客/个人空间占 65.7%；网络视频占 65.1%；网络游戏占 61.6%；微博占

50.9%；电子邮件占 48.1%；社交网站占 46.6%；网络购物占 39.0%；网络文学占 36.2%；网上银行占 35.5%；网上支付占 34.8%；论坛/BBS 占 29.0%；团购占 11.5%；旅行预订占 7.9%；网络炒股占 7.00%。在这些网络应用中，有相当一部分都可以成为企业优质的网络营销工具，比如，即时通信（QQ、MSN、UC 等）、搜索引擎、网络新闻、网络视频、博客、微博、电子邮件、论坛等。

这些使用率数据对企业的网络营销有用吗？有用。它可以告诉我们，做网络营销的时候，要把哪些平台作为首选，哪些平台则完全不能选。一个对的选择才会产生对的结果。不同的产品，对应着不同的客户，不同的客户，有着不同的网络使用习惯。我们要根据客户的习惯、产品的特性，选择最适合进行网络营销的方式和平台，这样才能达到最佳的营销效果。

网络营销的诸多优点，正在使之逐渐成为最重要、最有效的营销方式。有数据表明，在国外，80% 的个人和企业都在进行网络营销，并从中获得了极好的效果。在中国，也有相当一部分敢于"吃螃蟹"的个人和企业选择了网络营销，而且有一多半凭借网络的强大力量，赢得了良好的商机。

不可忽视的是，在另一份与网络有关的调查报告——《2011 年度中国站长调查报告暨互联网生态开放研究报告》中，我们可以看到关于网站目前的赢利模式与未来侧重的赢利模式的对比：目前网站赢利模式的前三名是广告、电子商务和线下活动；在未来侧重的赢利模式中，电子商务上升到了第一名，线下活动虽然下降了一个名次，但百分比由原来的 18.6% 上升到了 24.5%。

这说明，无论是做网络营销，还是做实际产业，都不能忽视线下活动。因此，每一个不希望被消费者遗忘的企业，都不能只单独强调网络营销，而是应该做双线营销，因为线下活动同样能够给企业带来巨大收益。

以做学前儿童家庭学习用品的巧虎来说，在做推广活动的时候，巧虎首先把网络推广活动做得非常好。同时，巧虎还会定期组织实体店的线下接触现场活动。此外，巧虎还有一个"客户有偿转介绍"机制，这种机制不仅留住了老客户，还有效增加了新客户数量。正是有赖于这种双线营销，巧虎公司才赢得了中国孩子与家长的认可。

因此我一再强调，一个企业在进行网络营销的时候，一定要将网络推广、现场活动等营销方式和手段结合起来，既进行线上营销，也开展线下活动，多点出击，这样才能吸引并留住客户，不断满足客户的消费需求，成功实现企业的销售目标。

网络市场如此之大，对于每一个企业来说，这都应该是值得兴奋的事情。它为我们提供了更为广阔的营销空间和更多的发展机遇。网络市场有时候是先入为主的，而且它是一个长尾市场，如果一个管理者能够先知先觉，先于竞争对手抢下这些资源，在纷繁复杂的网络信息中脱颖而出，那么您的企业后续的收益将是不可估量的。网络营销是企业发展的一个新起点，能不能从网络市场中抓住机遇，就看您自己了。

最后，衷心希望广大企业管理者能在网络营销的世界里开辟出一片新天地，愿本书能够助您一臂之力！

石建鹏

第一章

网络营销

——躲不过的营销变革新模式

一、网络营销优势多

没有哪家企业会认为，企业生存不需要做市场、不应该做广告。但是现实的尴尬在于，很多企业在投放广告，尤其是在互联网上投放广告的时候，钱花了不少，效果却不明显，有的甚至根本看不到效果。于是，导致很多企业对在网络上投放广告不热衷，有的甚至敬而远之。

其实，之所以产生这种情况，大多是因为很多人、很多企业不熟悉互联网，不懂得如何利用互联网进行有效的网络营销。如果我们真正掌握了网络营销，就不会让大把的钱"打水漂"，反而会为企业省钱，甚至不花钱，还能赚钱。

那么，什么是网络营销？简单说，网络营销就是把传统营销原则、网络技术手段和网络平台进行了高度整合后的一种营销方式。

网络营销和传统营销之间没有太大区别，它们的营销原则是相同的，只是在平台和技术方面不同而已。因此，做网络营销我们要从两点入手：第一，从平台角度出发，学习网络营销这种营销策略，将传统营销平台和互联网平台相结合，形成一个新平台；第二，从技术手段出发，学习相关的网络技术手段。很多时候，我们在做网络营销的时候，缺少必要的网络营销技术手段。

虽然二者之间区别不大，但由于网络营销依托更广阔的平台和技术手段，这使得网络营销有着较之传统营销更加鲜明的特点。

1. 覆盖面更广

在网络发展的初期，商务人群是绝对的网民主体。但是，随着网络时代的来临，现在网络已经深入到了农村，很多农民都用上了电脑。根据2012年7月19日中国互联网络信息中心发布的《第30次中国互联网络发展状况统计报告》显示：农村网民规模已经达到了1.46亿，占整体网民数量的36.8%。

在我的农村老家，现在基本上家家都有电脑，都能上网。我问他们上网做什么？他们说买东西。他们的很多衣服、化妆品都是从网上买的。我没想到，现在网络的覆盖面已经这么广，而且已经深入到了农村市场。这就提醒我们，在做网络营销的时候，我们的客户可能不只限于城市，农村也有大量可开发的市场，而且增量市场很可能都在农村。我们不能再完全以商务人群作为唯一的营销对象。

2. 有更强的针对性

人们在搜索引擎上进行搜索的时候，搜索引擎总是会针对输入的特定信息提供搜索结果。根据网络营销的这种极强的针对性，在搜索引擎上，我们可以针对信息需求提供搜索结果，并选择目标区域进行推广。比如，如果我们选择嘉兴市作为目标市场，就可以专门针对嘉兴市进行推广；如果我们选择武汉市作为目标市场，就可以专门针对武汉市进行推广。相比较而言，传统营销方式传播效果有限，针对性没有这么强。

3. 高度的灵活性

在互联网上，我们可以随时将投放的广告撤换，但在传统营销中，就很难做到这一点。比如，我们要在报纸上刊登广告，假设在报纸已经印刷完成后，发现在广告页上的某个数字后面多加了一个"0"，将"买1000送1000"写成了"买1000送10000"，这时候我们没有办法叫停，因为报纸已经印刷完毕，甚至已经到了读者手中。如果我们想更正，只能在下一期的版面上刊登声明，并承认错误。

而在互联网上就不一样了，一旦发现错误，我们可以随时变更。这就体现了网络营销的高度灵活性。

4. 更加便于计量

网络营销中，我们可以很清楚地知道网络带来了多少流量、多大订单、转化率有多高。传统营销很难做到这一点。大多数情况下，我们不清楚到底有多少人是看了报纸或者电视后才了解我们的，很多数据我们都没有办法统计。

从服务数据方面来说，更是如此。传统营销中，基本上很难产生后续服务。仍以报纸推广为例，基本上就是报纸发完后，这个事情就算结束了，没有后续服务。但在互联网上，服务却是经常带有延续性的，我们可以通过后台记录，进行服务跟进，并了解客户的每一次消费和浏览行为。

5. 营销成本更低

其实，传统营销手段的覆盖面也很广，但是收费往往偏高，而且覆盖面越广，收费随之也就越高。我有一个做广告公司的朋友，他的公司专门做报纸期刊广告业务。据我了解，那种全国性的报纸，一个版面的广告费动辄就是几万、几十万元。而在电视台做广告，费用就更高，动辄上亿元。那么，效果如何呢？

企业花那么多钱在电视上做广告，广告确实也做得很漂亮，但是做完之后没过几天，这家企业很可能就倒闭了。企业在电视上做广告，很多时候不是为了做效果，而是为了做形象。这是一种比较典型的从众心理，不是从效果角度出发去分析问题的理智思考。

试想，这么高昂的广告费，如果用在互联网上，会产生什么效果？如果我们把这些钱都投放到网络上，遍地开花——只要对方上网，不管是聊QQ、MSN，还是看视频，都能见到我们的广告，那么我们的收益就太大了。这个效果绝对比在报纸和电视上做广告的效果好上十倍、百倍、千倍。

当然，如果你的公司实力非常雄厚，为了做形象，在电视上做广告是可以的。但是，对于中小企业来说，在选择广告的投放媒体时，就要量力而行了。

这就是说，在做营销的时候，我们必须考虑到成本因素，而网络营销在这方面具有明显优势。

二、双线营销让你业绩飞

在营销学上，有一个很形象的比喻：建立客户关系的过程就像和女孩子结婚一样。要想和一个女孩子结婚，通常需要六个步骤，我称之为六部曲：听说你、了解你、记住你、喜欢你、娶回家、生孩子。

做营销同样是这六个步骤。首先要通过一种途径让目标客户听说我们的产品，然后通过一个平台让对方了解产品，让他们记住、喜欢我们的产品，当目标客户对产品非常感兴趣的时候，他们就会下决心购买产品，如果客户用过产品之后感觉非常满意，很可能会帮助我们进行推广，为企业带来新客户。在这个销售过程中，隐含着一种特殊的营销方式——双线营销。

为什么我要强调双线营销这样一个概念？因为网络营销绝不仅限于互联网。单纯从概念上来说，网络营销就离不开传统营销，它是传统营销原则与网络技术、网络平台的结合。从现实操作上来说，网络营销与传统营销的结合，对于企业来说，有着非常重大的影响。二者之间的关系，如图1-1所示。

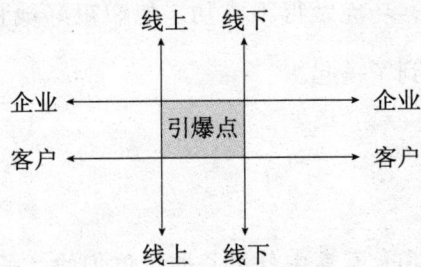

图1-1 双线营销

既然是双线营销，为什么上图中会有四条线，而不是两条线？这是根据两个不同的概念进行划分的，一个是空间概念，另一个是人群概念。从空间概念上讲，双线营销是线上营销与线下营销的结合，即客户线下体验，线上购买；对于企业来说，就是线上营销，线下成交。从人群概念上讲，双线营销是企业营销和客户营销的结合。

既然是网络营销，为什么还要特别突出线下营销？这与产品的性质有关。如果我们销售的是像计算机、办公桌之类的实体性产品，成交相对比较容易。如果我们销售的是虚拟性产品或者服务性产品，在网上直接成交的可能性就会比较小。因为通过简单的网络展示，客户很难清楚了解你的产品或者服务的具体情况,以及它们产生的实际效果。研究表明,65%的消费行为是通过体验和场景引发的。通过线下的体验式营销,能够让客户更深入了解你的产品。很多公司在推广产品的时候,会选择做一些试用装,就是基于这种考虑。

营销本身可以做很广的延展,但是通过多年的实际观察,我发现很多企业在做营销的时候,很少有人能够将网络营销和传统营销结合到一起,也很少有人在企业做营销的同时能够让客户主动帮我们做营销,就是企业和客户二者结合起来同时做营销,更很少有人能够将这四者在营销过程中同时体现出来,总会有某个或某几个方面有所缺失。

在双线营销方面,巧虎做得很成功,他们很好地将线上与线下营销、企业与客户营销结合到了一起。

案 例

巧虎是做学龄前儿童家庭学习用品的,他们的产品包括儿童图书、父母读本、DVD 影像教材和玩具等多个品种。在做推广活动的时候,他们首先把目光集中到了网络,并且在网络推广中特别突出了"免费"两个字。他们的网络推广活动做得非常好。当时几乎在各大网站上,我们都可以见到巧虎的宣传广告——只要加入巧虎体验俱乐部,就可以免费索取、体验巧虎商品,并且不需要支付运费。

巧虎在做网络营销的时候,很明确地锁定了女士最爱的化妆品网站。这种网站尤其受那些即将生小孩或者刚生完小孩的年轻女士欢迎,在这样的网站上投放广告,能够让更多的目标客户了解活动信息。

巧虎还在一些论坛,比如天涯社区,做了一些硬性的广告推广。在很短的时间内,巧虎在天涯论坛所发帖子的浏览量就超过了 7 万,回复量超过 2000 条。这说明很多人都想参与这个活动。

巧虎不只在网络上进行推广，还会定期组织现场活动。通常，当孩子喜欢上巧虎的视频课程之后，会很渴望和巧虎的实体店进行线下接触。去参加巧虎的现场活动时，很多人都是带朋友一起去的，这样，巧虎就通过这种线下活动吸引到了更多的客户。

不仅如此，他们还有一个客户有偿转介绍机制：如果你是巧虎的老客户，只要你介绍朋友免费领取了他们的产品，新客户在填写推荐人的时候写上了你的名字，你就会获赠礼物，而且不同时期会有不同的礼物。这样一来，巧虎的老客户都十分愿意把巧虎产品推荐给自己的朋友。

现在，很多家庭都在使用巧虎的产品，尤其是那些一二线城市的家庭。巧虎把网络营销与传统营销结合到了一起，很好地诠释了双线营销的重要性和必要性。

巧虎在营销方面的成功是可以复制的。在进行网络营销的时候，如果其他企业能够同样将这些营销方式和手段整合起来，既进行线上营销，也开展线下活动，既发挥企业优势，又调动客户参与，双线营销，多点出击，一定能够吸引更多的客户，实现预期营销目标。

三、线上营销与线下营销相互转换

网络营销仍需以传统营销原则为基础，其最佳营销模式是将两者结合起来，双管齐下，并形成互动。这样才能让企业的营销系统充满活力，更大限度地满足市场需求。

1. 将客户从地面引向网络

现在很多人都会选择网络购物，原因有很多，比如，价格相对优惠，能够节省时间，避免购物拥挤，货款支付便利，等等。根据客户的这种购物偏好，我们就可以进行适当的引导，将客户从地面购买引向网络购买。这不仅是在适应客户的需求，也是在为企业节约成本。

案 例

在美国，有一家新兴的户外服饰专卖公司，名字叫 Nau，Nau 在毛利语里是"欢迎，请进"的意思。

Nau 的领导们创造了一种全新的购物方式，即网络零售店，就是将网络销售与精品专卖店的概念相结合。像在其他服饰专卖店一样，顾客们可以选择直接购买，但是，Nau 的工作人员通常都会劝导顾客在网上购买。

具体表现是，Nau 在专卖店内安装了一个自助服务亭，顾客可以通过触摸屏实现网络购物。不仅如此，Nau 还鼓励顾客接受送货上门服务，这样不仅可以享受10%的折扣，并且还免费运货。

现在，这家公司仍然存在，而且已经开了200家分店，资产也增长到了近3亿美元。这都要归功于这种新奇的销售模式。

为什么这种网络零售店的购物方式会取得成功？

首先，他们认真分析了人们的购物心理。这种购物方式在很大程度上解放了男士，在这种方式没有出现之前，男士们要陪老婆逛街，还要大包小包拎东西。通过这种购物方式，顾客可以当时下单，却不必立即带走所购产品，同时他们还可以享受在打折基础上免费送货上门的服务。

其次，Nau 通过这种方式，可以建造更小的专卖店，减少店内库存，减少营运开支，减少能源消耗。可以说是一举多得。

另外，这些顾客在上网购物的时候，都会被要求注册，填写自己的信息。这样一来，顾客就很容易成为企业的忠实粉丝。有统计显示，一旦顾客在某购物网站上注册了，他的二次购买率就会达到 60% 以上。因为顾客对公司、产品和服务已经有了一定的了解，甚至可以说是对品牌的信任，那么，重复购买行为就水到渠成了。

我们再回过头来看看国内。一些企业也在做这种尝试，但做法不太一样。企业也会组织线下活动，但是他们活动的目的不是卖货，而是让客户体验，展示给客户看。而顾客在逛商场的时候也不是直接买，而是看看价格，然后回到网上花更少的钱购买。

当然也会有人现场购买。不过，既然人们的消费习惯在改变，越来越习惯于网购，那么我们的营销模式就要跟着转变，既要给人们提供线下体验的场所，又要有便捷的网购系统。

这种把传统的实体专卖店营销和互联网相结合的新型营销模式，不仅能够充分利用资源、控制成本，还能够有效扩大企业的客户规模，并很好地贴近现代客户的消费习惯。

2. 将客户从网络引向地面

我们常说"眼见为实"，尽管现在有不少人选择了网购的方式，但还是有相当数量的人选择去地面店购买产品。就像苏宁电器董事长张近东所说的那样，电子商务永远取代不了实体门店。随着实体门店和互联网的发展，两者是相互依存的关系，并不存在冲突。

在地面店，我们可以有更直观的印象，可以看，可以听，可以触摸，可以试，而这些都是网购不能替代的。这样，我们就有了把客户从网络购买引向地面购买的必要。在这一点上，我有一段亲身经历。

案　例

一家卖烤箱的专卖店在淘宝商城开了一个店，口碑非常不错，于是，我也想买一款。正准备下单的时候，我看到一则图片提示：北京实体店与淘宝店价格一致，实体店欢迎您的光临。我对比了一下，两者的价格确实一致。

正好那天下午没事，他们的实体店也不远，我就决定过去看看。

我看上的那款烤箱在网上的售价大概是五六百块钱，我却在实体店消费了1500元。为什么？因为买了烤箱之后，店员就开始为我推荐。他说什么样的模子是用来烤蛋糕的，什么样的模子是用来烤面包的，什么样的模子是用来烤饼干的。然后，他还告诉我要想烤出好吃的面包，要用从国外进口的纯天然材料。结果，在店员的一步步引导下，我买了一整套的烤具和一大堆的材料。

这家店的销售手段可谓别出心裁。在很多人的概念中，网购绝对要比实体店购买花钱少，但是他们没有这样做，而是线上线下一个价，这样就弱化了网购的价格优势。

而且，大家买东西或多或少都会有一种疑虑，都想看产品到底好不好，材质怎么样，拿到之后是不是跟网上描述的一样。这家店考虑到了人们的这种心理，就鼓励大家去实体店。

此外，这家店之所以这样做，还有另外一层考虑。客户选择网购，往往买了一只烤箱就可以了，不会顺便购买其他东西，而一旦到了实体店，就可以通过导购人员的激发、引导，从而购买其他配套产品。

这种延伸销售恰恰是网络营销所不足的。当然，要想将客户成功地从网络购买引向地面购买，我们必须建立一个好的延伸消费系统，线下的跟进一定要到位，线上线下要形成一个闭环，不能整天做一锤子买卖。那样的话，我们永远都是开荒者。

3. 地面与网络多品牌运作

进行网络营销的时候，很多企业都遇到过这种情况：将所有的品牌都拿到网络上去推广，结果导致自己的品牌之间相互竞争。该如何规避这种风险？

有些企业的解决办法是：实行多品牌运作，做至少两种品牌，既有地面品牌，也有网络品牌，地面品牌走传统渠道，网络品牌走网络渠道。

一般来说，线上与线下品牌都应该深度开发，互为补充，要根据客户需求进行市场细分。企业可以根据细分人群，打造多个相关的、品类跨度不是很大的全新子品牌。

在推出新品的时候，企业可以先在线上进行小规模测试，检测一下产品的被认可度。如果市场反应良好，再投入生产，这样就能在一定程度上减少新品投入的市场风险。

四、兼顾企业营销与客户营销

在双线营销中，还有一个双线，即企业线和客户线。做营销，不能

"剃头挑子——一头热"，只是企业单方面开展活动。企业应该调动客户积极参与，通过老客户产生新客户，形成良性循环。

乔·吉拉德被誉为"世界上最伟大的推销员"，他曾经总结过一个著名的"250 定律"，即每一个客户身后，大约都会有 250 名亲朋好友。他是要告诉我们，不要轻易得罪任何一个客户，那样的话，我们可能会面临失去 250 名潜在客户的风险。对于这句话，还可以从另外一个角度去思考，即我们可以通过一个忠诚客户，去开发他身后的 250 名潜在客户。这个方法就是客户营销。

在双线营销中，第二个双线指的就是企业营销和客户营销相结合。前面讲的巧虎就是这方面的一个典型案例。不只巧虎，很多企业都在使用这一策略。

案 例

在 2010 年的时候，携程旅行网曾经推出过一个"客户推荐奖励计划"。凡是曾经在携程网预订过旅游线路的会员，都可以推荐 20 个好友。只要推荐的好友从来没有预订过携程网的旅游产品，并且在活动期间激活了收到的邀请链接，好友就可以获得价值 100 元的电子抵用券，体验旅游产品。

老会员每成功推荐一个好友，就可以获得 20 元的电子抵用券。如果被推荐好友在活动期内使用抵用券成功预订旅游线路，推荐人还可以每单获得价值 10 元或 50 元的额外奖励。

携程网的做法，对企业营销与客户营销的结合做了很好的阐释，也提供了客户营销的常见方法——直接说服老客户，或者用利益吸引老客户，让老客户帮助企业进行推广，进行转介绍，把产品成功推荐给他们的亲朋好友。

当老客户义务帮我们介绍了新客户之后，我们要按照约定给老客户一定的利益，这样能够进一步激励老客户替我们开发新客户，并加速新客户向老客户转变，再介绍新客户。

在开展线下营销的时候，我们可以举办类似新老客户交流会这样的活动，请老客户介绍产品使用经验，既可以评论产品，也可以畅谈感受，以增加新客户对产品和公司的了解。这同样可以起到老客户带动新客户、新客户成为老客户的作用。

对于想运用此方法的朋友，可以尝试把直销模式的激励机制与互联网做一个结合。

五、网络营销的五大定位

做任何事情，只要与营销有关系，第一件要做的事就是进行定位。不同的定位决定了不同的策略方向，不同的成长重点。定位准确，就等于选对了方向，锁定了重点。定位不仅会影响决策，还会影响企业成长的速度；定位不准，后面做得再多都是无用功。

一个企业的营销定位包括五个方面：赢利模式定位、核心竞争力定位、目标客户定位、核心产品定位和品牌差异化定位。

1. 网络赢利模式定位

我们去另外一个地方，可以选择的方式有很多。如果距离比较远，我们可以坐飞机，可以乘火车，还可以坐轮船；如果距离比较近，我们可以坐汽车，可以骑单车，甚至可以选择步行。这些到达目的地的方式，在营销工作中，就相当于可以选择的赢利模式；选择的过程，就是进行定位的过程。我们的选择不同，结果就可能不同。

（1）不同的赢利模式，不同的网络营销策略

进行网络推广的时候，我们必须很清楚自己的赢利模式到底是零售，是招商，还是批发。因为不同的赢利模式，需要不同的网络沟通对象。一个网站最好只有一个方向的客户。例如零售类网站只针对终端客户，招商类网站只针对加盟商，批发类网站只针对批发商，广告类的信息平台只针对广告商，会员制的交易平台只针对供应商。也就是说，不同的赢利模式，不同的网站；不同的营销策略，不同的网站；不同的产品，不同的网站。每一个品类都不能重复和交叉。这一点，企业在做网站的时候一定要很清晰。

如果在做网站推广的时候，我们的人力、物力和财力都有限，那我们就必须找一个重点作为突破点。以什么为重点，需要以网站的定位为依据。

案 例

秋意浓是一家专门做男装的公司。它有三个对外推广平台，每个平台都在做不同的事情。比如，他们有自己的招商加盟网站（见图 1-2），为了吸引经销商，他们会在这个网站上做很好的形象展示；在淘宝商城上，他们有自己的零售平台（见图 1-3），主要做服装的零售业务；他们还有一个专门为客户定制服务的网站（见图 1-4），主要用来接收男装的定制订单。

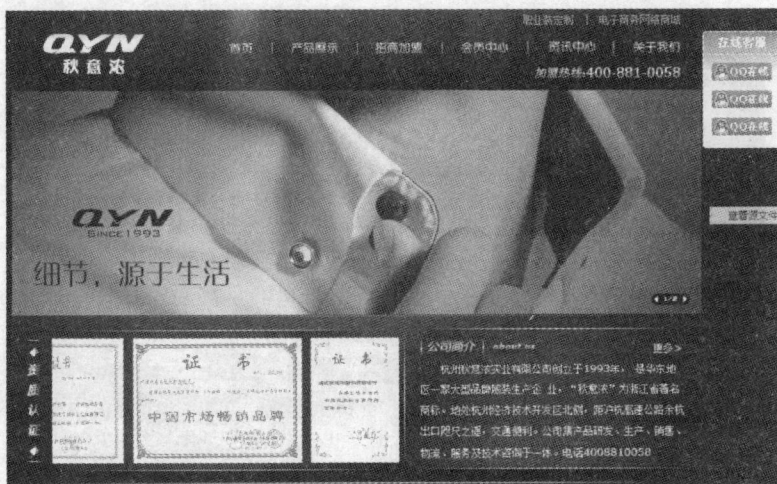

图1-2 秋意浓的招商网站

图1-3 秋意浓的淘宝商城

图1-4 秋意浓的服装定制网站

秋意浓的做法对大家有什么可借鉴之处呢?

他们在互联网上建立了不同功能、不同模式的网站或网页,这说明他们对赢利模式的定位非常清晰、准确。页面的描述语言和风格,都是为特殊的客户而进行匹配的。

他们没有全部单独开设网站,只开设了加盟和定制两个网站,在零售方面则借助了淘宝商城的力量。这一点对于一些中小企业来说尤为重要。如果企业没有足够的人力、物力和资金实力,一上来就做大型商城是不现实的,根本做不起来。

如果我们像秋意浓一样,准确选择赢利模式,并善于借巨人的肩膀,相对来说,成功的步伐就会快一些。

说到网络营销,必然离不开关键词。没有关键词,就无法让客户从网上找到我们。什么样的关键词适合在什么样的平台上使用,这都是有要求的。在进行网络推广的时候,必须在标题里植入关键词,优化关键词,让描述的语言更准确,这样才方便客户找到我们。

因此，当我们确定了网络赢利模式之后，就必须找出与之相对应的关键词。表1-1为网络赢利模式关键词列表，可供参考。

表1-1　网络赢利模式关键词

赢利模式	关　键　词
招商加盟类	招商、加盟、批发、代理、经销、总代理、代理商、批发商、项目投资、品牌加盟
直销类	厂、工厂、厂家、加工、批发、代理、加盟、OEM、招商、连锁、公司、供应商、总代理、生产厂家、采购、分销商
零售类	买、卖、直销、网店、订购、厂家直销、促销、定制、团购、礼品
服务类	品牌、机构、公司、服务、专家、策划、培训、课程

关于如何进行关键词的选择与优化，将在下一章为大家详细讲述。

（2）可选择的网络赢利模式

一般来说，企业可以选择的网络赢利模式有四种：

☆展销类。包括"形象展示＋销售"的 B2B 或者 B2C 平台。批发和招商加盟的是 B2B 平台，直接零售的是 B2C 平台。

☆交易类。包括直接零售的 B2C 平台和 B2B 的批发平台。

☆门户类。包括针对广告业务和会员的 B2B 平台。

☆C2C 平台。比较典型的是淘宝商城。

企业具体选择哪一种赢利模式，是要把网站做成展销类的、交易类的，还是门户类的，就要看自己的业务内容，是以批发为主，还是以零售为主，是要做招商加盟，还是要发布广告。

（3）选择赢利模式的 5 个关键

企业在选择网络赢利模式的时候，要考虑以下五大关键因素：

☆资源。我们要考虑自身的资源，尤其是人力和资金。如果我们自身在人力、资金和物力上都没有欠缺，可以考虑自己做网站。如果资源不够，就不要自己做，而要根据现实情况，像很多企业那样借力于淘宝商城。在营销上，资源很重要。当你选择你的发力点时，一定要想清楚你的各种资源应该在哪个方向上发挥优势。

☆经验。一家企业总是有自己特定的行业经验的，比如，有些企业非常擅长进行线下的传统营销，转到网络上的时候，可能就会手忙脚乱，因为他们没有任何网络营销经验。或者，有的企业有做电子商务的经验，但电子商务不能等同于网络营销，也不能等同于网站推广。因此，选择什么样的赢利模式，企业还需要结合自己以往的经验进行权衡，再做决定。

☆市场规模。我们必须清楚在互联网上做这个行业有多大的市场空间规模，这个市场是红海，还是蓝海，面对市场竞争，我们是否做好了充分准备。

☆竞争态势。对于竞争对手的情况，我们应该做到了如指掌。比如，目前的竞争对手有哪些，他们在互联网上和传统渠道中的营销是什么状态，相比较而言，我们有什么竞争优势。

☆忍耐时间。忍耐时间的意思是，我们选择一种赢利模式，在预计的时间内，公司能不能撑下去，或者说我们开展一个活动、做一个项目，在活动期内能否收回成本。如果做了巨大的投入，不能收回成本，或者公司倒掉了，那么，我们的选择就是错误的。

总之，企业选择某一种网络赢利模式，必须充分考虑各种因素，进行严格分析，管理者绝对不能靠拍脑门作决策，那样做出来的决定一定是不符合实际的。

2. 核心竞争力定位

一个企业要想在市场中占得一席之地，甚至拥有较高的市场占有率，就必须具备强大且与众不同的核心竞争力。纵观世界 500 强企业，每一家企业都有其明确、独特的核心竞争力定位。如：

戴尔，核心竞争力是建立在直销之上的卓越装配体系与供应链管理能力；

沃尔玛，核心竞争力是吸引客户忠诚和出色的后勤物流配送能力；

麦当劳，核心竞争力是快速、标准化和餐厅选址能力；

可口可乐，核心竞争力是秘密配方、独控品牌推广和管理供应链策略。

正是由于其明确、有特色的核心竞争力，才使得这些企业与众不同，并能很好地应对市场上出现的多种危机。

以上所列企业的核心竞争力主要是线下的。那么，在网络营销中，我们该如何定位核心竞争力呢？通常，对企业的核心竞争力进行定位的主要工具是 SWOT 分析，即通过优势、劣势、机会和威胁四个因素的考量，确定企业的网络营销核心竞争力，从而优化网络营销方案。详情参见图 1-5 所示。

图 1-5　SWOT 分析模型图

将上图中的四个因素运用到网络营销中，优势是指我们产品的独特卖点，劣势是指我们需要避开的不足之处，机会是指网络市场的前景，威胁是指网络市场上的竞争对手和营销风险。

将这四个因素进行组合，我们可以得出四种营销策略。如果我们有优势，也很有前景，就应该实行增长性战略，大力投入；如果竞争对手林立，我们也有一定的优势，则可以设计多个产品线，以多元化取胜；如果市场前景不错，但我们的劣势比较明显，就应该适时掉头，或者弥补劣势，或者改变策略；如果市场竞争激烈，我们又不具备优势，那么不妨选择放弃，选择有把握、有条件进入的市场。

那么，我们为什么要进行核心竞争力定位？一是要通过定位寻找自己产品的独特卖点，这是足以吸引客户购买的支撑点；二是要充分发挥和运用自己的优势，以区别于其他竞争对手；三是了解这个行业的背景，分析市场，判断在当前情况下进行推广有没有很好的机会。四是找出自己的弱点和可能面临的风险，了解竞争对手的冲击有多大，进而避开劣势，防患于未然。

在进行核心竞争力定位的过程中，我们应该做到以下几点，这样才能得出一个比较客观、相对准确的结论。

首先，准确选择参照物。不管是优势、劣势，还是机会、威胁，都是相对于竞争对手而言的，只有通过比较才能得出结论。这个参照物不能随便找，必须准确，才能起到参照作用。

其次，核心竞争力定位是基于互联网的，因此必须基于网络现状进行SWOT分析。也就是说，所有的四个因素都必须考虑到网络因素。

再次，作分析时，一定要站在客观的立场上，否则分析出来的结果就会有失客观，那样一来，定位也就会失准。

最后，态度要客观。在作SWOT分析时，既不能分析来分析去，越分析越没底、越失望；也不能觉得自己了不起，一副"老子天下第一"的态度。妄自菲薄和盲目自大都是不正确的。

一般来说，进行核心竞争力定位时，我们要考虑到业务方向、产品类别、市场细分、企业级别与档次、产品或者服务的替代性、资产状况、人力资源、渠道和客户资源、企业的组织体系、市场预期、优势消耗等多种因素，将这些因素进行综合分析和比对，才能得出最终结论。

通过 SWOT 分析，企业可以定位自己的核心竞争力，从而有利于集中优势兵力，为"以己之强，攻敌之短"打下基础。在网络营销实战中，懂得用 SWOT 分析法，可以极大地提高营销成功率。

当然，确定了核心竞争力，并不意味着企业就可以高枕无忧了。企业的发展是一个长久、持续的过程，能够取得长期的收益，才是最终目标，不应该只看一时一地的成绩。因此，我们应该在核心竞争力上下更多、更长久的工夫。同时，我们心里也应该清楚，企业的核心竞争力不是一成不变的，根据时间、空间以及大的环境背景的变化，企业的核心竞争力也在不断变化中。

3. 目标客户定位

高效的营销等于找对人、说对事、拿到钱。这三个环节是相互递进的，找对人是其中的第一个环节。

市场的发展变化要求企业的生产和营销必须以客户为导向，以客户需求为核心，客户需要什么，我们就生产什么；而不是以我们生产什么、卖什么为导向，让客户跟着我们走，除非我们的产品独一无二，没有可替代性。

（1）谁是你的目标客户

道理每个人都懂，话每个人都会说，但在实际操作中，我们却很容易选错目标客户。在这个问题上，脑白金的做法很值得我们分析研究。

案 例

脑白金刚开始做推广的时候，选择在江阴的一个公园里进行免费试饮活动。

活动进行了几天之后，工作人员开始询问那些试饮者的感受。他们对脑白金的评价都非常好，觉得饮用之后睡眠质量提高了，也不再便秘了。

这时候，脑白金认为机会来了，可以开始收费了。

工作人员又一次将脑白金摆出来。一位老大爷以为这还是免费赠送，于是就习惯性地想要拿走。工作人员告诉他说："抱歉，大爷，这个不是免费的了，这个是我们拿来卖的。这一盒也不贵，不到100块钱。您看，您来几盒？"

没想到，这位老大爷没说话，转头就走。工作人员很诧异，问他："大爷，您不是喝完这个感觉挺好的，睡觉睡得好，也不便秘了吗？"大爷说："没事儿，晚上睡不着，白天睡。便秘是有点儿，不过没关系，多吃点水果就好了。"说完，就走了。

经过这次小小的失误，脑白金终于明白了问题所在，他们重新定位了目标客户，重新进行推广，最终获得了巨大成功。

"今年过节不收礼，收礼只收脑白金。"脑白金的广告词，大家都耳熟能详。为什么会提出这样的广告词？因为他们明确了目标客户。

一些长辈，尤其是像我们的父母那一辈的人，他们吃过苦、受过累，消费理念跟如今的80后、90后不一样，要想让他们主动花钱购买保健品，比登天还难。这就是脑白金想收费却遭遇失败的原因。

那么，脑白金的目标客户是谁？是老年人吗？不是，但这话也不能说得太绝对。那些退休工资比较高、思想比较前卫的老年人，会买一点。但最终会购买的，还是以老年人的子女和过年过节送礼的人为主。"今年过节不收礼，收礼只收脑白金"这句广告词将目标客户精准地锁定在那些孝顺的子女们身上，这就为脑白金的成功，选定了广大和准确的消费市场。

因此，在确定目标客户时，一定要分清使用者与购买者，购买者才是我们真正的目标客户。如何确定目标客户，有三大标准：第一，影响最终的购买决策；第二，不仅有购买的需求，更要有购买的经济能力；第三，要能贡献80%的营业额和利润。

（2）从目标客户的角度去设计网站

确定了目标客户之后，一定要知道目标客户需要什么样的产品和服务，并将其在我们的网站或者营销活动中体现出来。只有这样做了，当客户第一眼看到的时候，才会清楚你是做什么的，你的业务是不是他所需要的。

我有一个做物流的朋友，主要做陆运和空运，却在网站上放了一张大轮船的图片，结果，有人打电话过来询问，你们这儿每吨怎么收费？去马来西亚多少钱？去韩国多少钱？我这个朋友只能对客户说，抱歉，我们不做海运。而那些本来想找陆运和空运的客户，一看到网站上的轮船图片，自然而然就会认为这是一家做海运的公司，可能根本就不会打电话过来询问，而是直接关掉网页，重新搜索。

这种现象很常见。在做网站推广的时候，一定要有明确的目标客户，要聚焦关键客户群。我们做网站不能单单为了页面好看，一定要从目标客户的角度去设计网站，满足客户的需求。网站上所展现出来的内容，一定要是我们自己的核心业务、核心产品，这样才能有效吸引客户，留住客户。如果这样做了，哪怕我们的产品和网站受众面小，利润却不一定就少。

4. 核心产品定位

进行网络营销，最终的目的是推出产品。在网络上塑造形象、发布招商加盟广告等都只是推介产品的途径。因此，在进行网络营销和广告投放之前，一定要准确定位我们的核心产品。

（1）什么是核心产品

核心产品等于主推产品和营销产品。核心产品应该具备以下特质：

①核心产品要具备或者代表这个产品的品类特点；

②核心产品应该代表企业的核心实力、核心技术；

③核心产品往往是企业的龙头产品，必须具有很强的竞争优势；

④通过核心产品，我们能够找到与客户的沟通元素；

⑤核心产品能够带来延伸消费。

其中，第五点有着特殊的意义。每一家公司绝对不会只有一种产品，基本上都会有几种产品，甚至同一种产品也会分为不同的型号。很多人都知道康泰克这个品牌，却很少有人知道它是哪家公司生产的。它是中美史克生产的。中美史克生产的药并不是只有这一种，但是大家记住的只有康泰克。

再比如，永和大王给我们的印象是什么？它是卖豆浆的。但是，如果永和大王只卖豆浆，肯定早就赔死了。到永和大王吃过饭的人都知道，去那里喝豆浆，至少要搭配几根油条；另外，他们还提供很多品类的中餐套餐。

关于中美史克，我们记住了康泰克，关于永和大王，我们记住了豆浆，这其实就是他们的核心产品。每个公司都会推出很多产品，但是我们能同时推所有的产品吗？肯定不行。相反，如果我们通过一个点去引爆市场，就会相对容易一点。

做营销的时候，一定要记住这一点：不能只是为了这个产品而做产品营销，我们的目的是通过做核心产品营销来带动其他的延伸产品，带动延伸消费。

（2）如何选择营销的核心产品

首先，一般来说，那种有优势、赚眼球、能赚钱的产品，可以作为核心产品的首选，因为它能直接产生效益，这是企业生存和发展的基础。作为能赚钱的核心产品，其营业额和利润是有要求的，最好能够占到总额的百分之七八十。

其次，那种虽然赚钱少，但有优势，能够赚人气的产品，也可以作为核心产品的备选对象，因为有时候我们不能只是盯着眼前利益，应该"风物长宜放眼量"，看到产品将来可能产生的销售收益。

最后，如果我们的产品有优势，却不赚钱，但能够赚足消费者的眼球，同样可以作为核心产品，因为关注背后很可能隐藏着巨大的市场；另外，我们还可以通过这个产品来推出其他产品，用其他产品赚钱。

（3）核心产品在网络营销中有什么作用

我们说要进行核心产品定位，那么核心产品对网络营销和企业推广来说，到底能起到什么作用？我们不妨举例说明一下。一说到洗手间，我们会想到什么？可能大多数人都会想到马桶，因为这是我们使用最多的卫浴设备。在美加华卫浴的活动中，他们就很好地运用了核心产品。

案 例

美加华卫浴在十周年庆的时候开展了一个名为"3·15免费更换马桶"的十年客户征集活动。当时他们只瞄准了马桶的一个点——凡是使用美加华马桶达十年的客户，都可以免费更换一个新马桶。

在这次活动中，美加华运用了多种渠道进行营销推广。在网络营销渠道方面，他们在房地产论坛、建材论坛、社区论坛、博客、新闻网等处都做了推广，还进行了搜索引擎优化和问答营销；在传统营销渠道方面，他们在建材城的外场进行了路演，还放置了空飘、拱门、横幅等广告，在内场布置了地贴、吊旗、气球门、样品贴、POP、爆炸贴、楼梯贴、穹顶布缦、盆景等设施、设备，使顾客不论身处建材城的哪里，都能看到美加华的活动信息。

虽然在整个活动中，只有一个客户成功更换了马桶，但是他们的推广目的已经达到了。当时，这个活动在整个卫浴圈里产生了非常大的影响。不仅如此，这个活动在很大程度上带动了美加华的整个市场，他们的当期收益整整增加了两倍。他们的品牌知名度在短期内得到了非常有效的提升。

从最后的结果来看，美加华的这次推广活动无疑是相当成功的。成功的主要原因是，美加华只选择了其中的一个产品——马桶作为核心产品。首先，这个产品是众多客户生活中的必需品，这就和客户有了一个良好的沟通基础；其次，这个产品对技术有一定的要求；再次，马桶只是卫浴系列产品中的一个，通过这个产品的成功推广，往往能够带动同品牌其他产品的销售；最后，这个产品有较大的利润空间，能够为企业带来较高收益。

这就给了我们一个启示：核心产品对于企业的整个产品线来说，有着很强的聚焦作用。当我们做双线营销，不管是线上还是线下，都让核心产品的曝光率最大化的时候，一定会吸引客户、社会大众和媒体的关注，进而产生连带效应，从整体上促进公司的成长和提升。

5. 品牌差异化定位

如果我们自己的产品和别家的产品没有任何差别，就无法让人从海量的市场信息中找到我们。因此，差异化是最基本的策略。只有实行了品牌差异化，才能够强化客户记忆，才能够在同质化产品中突出重围。

一提到售后服务最好的家电企业，我们就会想到海尔；一提到最安全的汽车，我们就会想到沃尔沃。这不是说海尔的产品不好，不是说宝马、奔驰就不安全，这是一个定位问题，是要通过这种功能角度上的品牌差异化定位，强化人们的记忆点，给人们一个思维定势——只要人们想到某一句广告词或者某一句话，就能直接联想到该企业，联想到该产品。

我们还可以从其他角度进行品牌差异化定位。从产品类别角度进行定位，比如，造"好空调"的格力，"一站式终身学习服务"机构新东方；从某一类通用服务进行定位，比如，经营佛教礼品的佛教礼品网，还有我给自己的定位——会讲课的网络营销实施专家；从某一类材质进行定位，比如，世界上首屈一指的水晶制造商施华洛世奇。

我举这些例子，是为了让大家清楚，我们在做定位的时候，不能直接把终端市场作为标靶，而是要先锁定渠道，以渠道为主线去开发，慢慢地再去做终端市场。因为做好了渠道之后，我们的经销商、批发商会帮助我们进行推广。

在做品牌差异化定位的时候，我送给大家一句话"任凭弱水三千，我只取一瓢饮"。意思是说，我们不需要四处出击，只需要找一个市场空间，在里面成为第一就好了。因为，在行业中已经有很多品牌企业了，再去占领市场是很难的，但是我们可以细分一下，做成某个空间、某个区域的第一。这样就让我们的品牌凸显出来了。

还是以我自己为例，我为什么重点强调"实施"两个字？因为现在有不少人都在讲网络营销，但有些人并不一定会操作，而一些会操作的人并不一定会讲。我自己曾经在企业里实际操作过几年时间，又在企业内部做过培训师，讲课对我来说根本不成问题，因此，我把两点融为一体，把自己定位为会讲课的网络营销实施专家，就是要告诉大家我既会讲课，又会操作。这样一来，就能够凸显我和别人之间的差异，轻而易举地就能让别人记住我了。

第二章

搜索营销

一、搜索引擎优化是一举两得

有一项研究显示，80%以上的网络用户是通过搜索引擎来寻找和获得自己所需要的资料和信息的。由此可见，对于任何一家公司来说，要想在网络营销中成功推广公司官网、公司博客等网络信息平台，必须做好搜索引擎优化。

网络营销最基础的内容就是搜索引擎优化。这是由人们的网络使用习惯决定的。人们遇到问题，想了解某个产品，总是会习惯性地去"百度一下"。我们完全可以利用这一点，通过搜索引擎来提升网络营销的效果。

很多企业都在做网络营销，但是做了很长时间之后提出了一些质疑：为什么花了很多钱做竞价排名，却没有什么效果？为什么网站改版了，还是没有作用？为什么公司网站的访问量不见提升？为什么在搜索引擎中很难找到公司的网站？

现在的网络世界，里面的信息浩如烟海，如果不能找到适当的方法，我们的信息一定会被淹没。那么，怎样才能用最少的投入来获得最大的收益呢？方法就是进行搜索引擎优化。

搜索引擎优化，简称SEO，是根据搜索引擎在网络的抓取功能，从网站抓取尽可能多的网页，并通过关键词定位提高网站在搜索引擎里的排名，最终达到网站推广的目的。

搜索引擎大致有两种：第一种是大众搜索引擎，比如百度、谷歌、搜搜、雅虎等；第二种是专业搜索引擎，比如阿里巴巴、慧聪、淘宝等。

有人说，阿里巴巴是一个商场型网站，不是搜索引擎。其实，搜索引擎的概念是比较宽泛的。任何一个网站，只要有海量信息，都需要搜索引擎。因此阿里巴巴也就成了搜索引擎，而且在搜索引擎里排名还相当靠前。

这就给了我们一个启示，我们在做搜索引擎优化的时候，不能只是想到百度和谷歌这样的大众搜索引擎，专业搜索引擎也是我们的重点对象，尤其是一些行业搜索引擎。现在各行各业都有自己的门户网站，网站上也有检索功能，这种专业性的检索网站，他们的检索准确率还是很高的，通过这种搜索引擎获取的客户的准确率非常高。

搜索引擎优化如此重要，那么，它对于网络营销来说，到底有什么作用？

搜索引擎营销公司 iProspect 通过调查发现，超过 80% 的网络用户在使用搜索引擎检索信息时，不会浏览第三页以后的搜索结果。也就是说，如果企业网站在搜索结果的排名没有在前三页，就意味着只能吸引 20% 的用户注意，那么网络营销就是失败的。

通过对网站和网页的内容进行相关优化，能够使网站更加符合用户的浏览习惯，更容易被搜索引擎抓取到，从而使企业网站在搜索结果中的排名更加靠前，甚至排到第一名。这样，就能节省成本，降低投入产出比，并提高企业在网络上的访问量和知名度，然后进一步将访问量的增加，转化为销售的增加，从而达到网络营销的目的。

反过来说，进行搜索引擎优化，提升了企业网站的排名，就相当于对竞争对手施加了竞争壁垒。如果我们在搜索结果中占据了优势地位，在为自己带来潜在客户的同时，也相当于间接地缩小了竞争对手的空间，可谓一举两得。

二、"关键词"真的很关键

选择合适的关键词，是进行搜索引擎优化最重要的内容。对于既想少花钱又想见效果的中小企业来说，一定要学会选择和使用关键词，只有选择了合适的关键词，才能真正明确我们的推广目标，才能让潜在客户通过搜索引擎找到我们的网站。

选择和使用关键词需要一定的技巧，大致有以下几种。

1. 基本性定义，选择泛关键词

什么是泛关键词？其实就是一些行业名称、产品或者服务类别等具有广泛意义的词汇。比如，服装、化妆品、家具、鞋柜、鞋子、瓷砖等，这些都是泛关键词。

这类词汇在互联网上的竞争是比较激烈的。如果我们用泛关键词进行搜索引擎优化，一定不会收到很好的效果。这是因为，尽管这些词汇的搜索量比较大，但是客户缺乏精准性。

假设，我要去给瓷砖企业做培训，需要几张图片作为材料或背景，但我手头没有现成的素材，只能去网上搜索。现在有些公司是花了钱做网络推广的，只要用户一点击，就会产生流量，产生流量就要付费。那么，我只是为了找一些资料随便点击了一下，无论如何也不会转化为实际购买行为，那么你的钱就白花了。

当然，如果企业有钱，愿意通过这种方式在网络上做形象，也没有问题，这种做法也会带来一定的客户，但是说实话，这种钱有时候花得有点冤枉。

虽然我不建议大家使用泛关键词进行搜索引擎优化，但是这并不是说泛关键词就完全不能用。我们可以通过别名扩展的方式定位关键词，进行搜索引擎优化。

比如，很多时候，对于某个物品，南方和北方的称呼不同，不同行业的人也有不同的叫法。举例说，有的人称电饭锅为电饭煲，有的人称计算机为电脑，有的人称红薯为地瓜，有的人称鼠标为滑鼠，有的人称米线为米粉。那么，我们在使用泛关键词的时候，就可以利用这种差别，选择别名扩展的方式，以区别于其他同行业的竞争对手。

2. 精准定位，组合长尾关键词

什么是长尾关键词？泛关键词加上厂商、品牌、用途、产地、产品类别、产品特性、产品型号等组合出来的词汇，就叫长尾关键词。下面我们举例来说明。

服装是一个泛关键词，和产品类别匹配之后可以得出一个长尾关键词——女士服装；再加上产品特性，可以得出另一个长尾关键词——真丝女士服装；再加上品牌，可以得出又一个长尾关键词——香奈儿真丝女士服装。最终，我们就可以得出一个多级别的长尾关键词。

长尾关键词可以匹配多长呢？只要不超出网站信息编辑窗口中"网页Keywords"的框就行。当然，匹配出来的长尾关键词长短要适当，太长了会影响搜索量。因为这样虽然目标客户比较精准，但是搜索量太低了。因此，我们在做搜索引擎优化的时候，要选择适当长度的关键词组合。

组合长尾关键词，要先选择赢利模式关键词，再选择产品关键词。赢利模式关键词，我们在前面已经列出了，在此不再赘述。

一般来说，网站的赢利模式是什么，就可以将之作为关键词。比如，网站是做招商的，关键词就是招商；网站是做零售的，关键词就是零售；网站是做定制化服务的，关键词就是定制化。

在赢利模式的基础上，加上产品类别，就是一个长尾关键词。比如，一家做招商加盟的服装厂，就可以把长尾关键词设为服装厂招商、服装厂加盟。不同的业务类型会有不同的产品关键词，只要恰当组合即可。

3. 问题关键词，让客户轻松找到你

问题关键词在搜索引擎优化上的作用也是很大的，也能够为网络带来不错的收益。那么，问题关键词主要用在哪里？很多人都认为是用在百度知道和 SOSO 问问上。这两个地方确实很重要，也确实在用，但是，还有一个地方可以用，那就是公司的网站。

我们都知道，在很多商城网站都会有一个问题解答板块，主要用来解说网络用户们会遇到的一些常见问题。我们完全可以把这个板块利用起来。对那些客户希望有的功能或者想要解决的问题，我们可以提前在网站上提出来，再做好解答，当客户进行搜索的时候，就能够直接查到他们需要的信息了。对于优化网站来说，这个问题解答板块往往有着非常明显的效果。

试想一下，如果客户搜索该问题的时候，查到的信息都是我们公司的，那对公司建立产品品牌形象会是多么有利。

以前，我就是这么做的。当时我不知道这就是网络营销，也不知道这是搜索引擎优化。当时我只做博客，问问题，再解答。我做好了之后，大家在网上搜索的时候，看到的都是我的信息，那时候在互联网上的覆盖率达到了百分之八九十。这种做法给我带来了很大的成功。

那么，我们该提哪些问题呢？举例来说，如果公司是做防晒霜的，可以提这样一些问题：哪种防晒品好？夏天如何防晒？在室内有必要擦防晒霜吗？什么牌子的防晒霜好？军训，用什么防晒霜？防晒霜、防晒露、防晒乳液有什么区别？春夏防晒、美白有哪些准则？类似这样的问题我们可以列出很多。

所谓"一人智短，两人智长"，这么多的问题，单靠一个人的脑袋是想不出来的。我们可以进行头脑风暴。比如，在临下班前开一个小会，领导给下属们布置任务，每个人想好十个问题。这样，十个人加起来就是一百个问题。去除重复的问题，剩下的基本上就是客户比较关心的常见问题了。

整理出来这么多问题，谁来解答最合适？可以让公司的销售冠军来解答。作为销售冠军，他能赢得那么多客户的认可，应该是有原因的，或许他的答案比较接近客户的需求。当然，我们也可以进行一些市场调查，询问客户来公司店面购买东西的时候，对产品的哪些方面有些什么关心的问题。

从客户那里了解到的情况非常重要，因为客户是最终掏"银子"埋单的人，但前提是你要能够解决客户想要解决的问题，为客户提供他所需要的价值。如果我们不能为客户解决问题，不能给客户价值，而是一味地为了做广告而做广告，一定会起反作用。

4. 借力关键词，提升网站流量

什么是借力关键词？借力关键词就是竞争对手或者其他公司所使用的关键词。

在进行关键词定位时，我们可以借用某些品牌或者热门的关键词来宣传、推广我们自己的网站和产品。比如，一家做酒的公司，在优化关键词的时候，可以借用婚庆公司的名字，将关键词定为"婚庆专用酒"。这就是一种借力的表现，因为不管是在生活中，还是在网络上，婚庆绝对都算得上是一个热门的关键词。当我们这样定位之后，"婚庆专用酒"这个关键词就成了我们的标志。

只要我们精于设计，就可以巧妙地借力于各种网络资源，成功打造属于我们自己的热门关键词。我再举一个例子来说明。一提到女士包，大家就会想到麦包包。那么，作为同类品牌，该怎么做关键词？

案　例

美美商城是另外一家卖女士包的网上商城。他们将主页面关键词定为"maymay、美美、美美商城、美美包包、maymay 商城"。他们对美美商城的描述是："美美商城，超多的淘宝网 maymay 包包供您选择，最超值的时尚女包网上购物商城，支持货到付款，享受零风险购物体验。买美美包包，不要忘了去蘑菇街和美丽说与大家分享。"

美美商城的定位和麦包包一样，都是卖女士包的。作为后来者，他们不能再将"包包"作为关键词去优化搜索引擎，毕竟麦包包已经有了相当广泛的影响。于是，他们选择了借力关键词。

他们选择的借力关键词是蘑菇街和美丽说。这是国内两个知名的购物分享社区，基本上针对的都是热衷于网购的女性，经常网购的女性对这两个社区都非常熟悉。

当人们在百度上搜索蘑菇街和美丽说的时候，都能够在第一页比较靠前的位置看到美美商城的信息，并很有可能进入商城。

现在各个行业里都充满了竞争，产品的同质化现象比较严重，用于进行搜索引擎优化的关键词，基本上没什么本质上的区别。这就要求我们，尤其是竞争力不足的中小企业，要想办法避开激烈的竞争，另辟蹊径，通过借力的方式推销自己。

为什么美美商城会借助蘑菇街和美丽说？因为这两个社区与美美商城的目标客户有着极强的共通性——都是爱网购的年轻女性。借助这两个网站的名字进行关键词优化，可以说是最佳的选择。这样不仅避开了最热门的关键词，还能够在一定程度上吸引客户。

我们完全可以采用和美美商城类似的方式，找出我们的借力关键词。当然，这只是初期的选择，等我们的品牌日渐成熟，有了一定的知名度后，还是要去掉借力关键词，选择属于我们自己的关键词。

在这里，我们需要注意一点。虽然借力关键词能够让我们获利不菲，但是要审慎使用，否则，这种行为有可能会侵犯他人的合法权益，构成不正当竞争，甚至反过来对自己造成不利影响。

5. 为核心产品量身定做核心关键词

什么是核心关键词？核心关键词是以核心产品为基础匹配而成的长尾关键词。

要定位核心关键词，首先要明确公司卖的核心产品是什么。基本上每家公司都有很多产品，根据这些产品，我们可以匹配出很多关键词。但是，这些关键词未必都属于核心产品。在这些关键词中，可能有竞争对手的，可能有其他行业的，甚至可能有跟我们所做的领域毫不相关的。

这些关键词，不能拿来优化网站。这种匹配出来的长尾关键词，并不是真正的核心关键词。核心关键词一定要与核心产品相关，这样才能很快产生效益。比如，一家做电台广告的公司，其核心产品是电台广告，不是电台，也不是单纯的广告，但是可以围绕电台、广告这些泛关键词来匹配，得出电台广告投放、深圳电台广告投放这样的长尾关键词。这样匹配出来的长尾关键词才能叫做核心关键词。

以我的公司网站为例，看看我是怎么匹配核心关键词的。我给自己的定位是网络营销实施专家，我的核心业务是进行网络营销培训。同时，我有自己的公司。因此，我就匹配出了如下一些核心关键词，如图2－1所示。

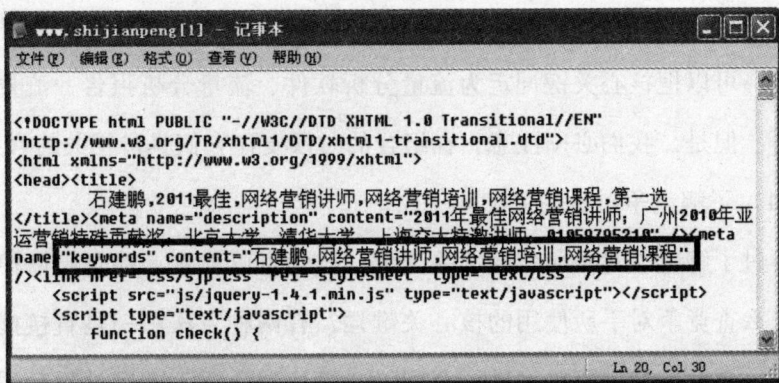

图2－1　核心关键词

以上这些我为自己匹配出来的核心关键词，反映了我和我的公司的多个方面内容，突出了我是一名培训师，我属于这家培训机构，我是一名实施专家，但最重要、最核心的是我研究和培训的内容，即网络营销，因为这就是我的核心产品。

虽然每个企业不会像我这样有这么多的核心关键词，但至少会有两三个既有区别又有联系的核心关键词。比如，吊顶行业，可能会有厨卫集成吊顶、定制集成吊顶、上海集成吊顶等核心关键词；电子商务软件行业，可能会有电子商务软件解决方案、电子商务安全解决方案、B2B电子商务软件等核心关键词。那么，我们应该如何选择核心关键词？

（1）直接询问终端客户和经销商

他们往往是核心关键词的使用者，他们有什么样的搜索习惯，我们就可以把什么样的词汇作为核心关键词。这样才能有的放矢。

（2）使用专业概念词汇和地理位置，限定访问者范围

做网络营销的公司，就可以将核心关键词定为 SEO 培训、广州 SEO 培训。这样做可以起到屏蔽竞争对手的作用。

（3）对现有的、流行的核心关键词进行排列组合

我们可以在核心产品上加一些同义词、替换词等。假设我们是做流量分析的，可以把核心关键词定为流量分析软件、流量分析报告、流量报告工具等。但是，我们必须注意，在组合的时候要让它们具备相关的含义。

（4）了解竞争对手的关键词

通过了解竞争对手所使用的关键词，我们可以找到一些自己漏掉的词汇。怎么查竞争对手所使用的核心关键词？有两种方法：一是直接搜索核心产品，看对方在用哪些词进行匹配。二是从竞争对手的网站后台看。首先我们打开对方的网站首页，在空白处点击鼠标右键，再点击"查看源文件"，在打开的 txt 文件中的"keywords"后面的就是对方使用的核心关键词。

选好核心关键词后，我们要有步骤地优化核心关键词。要清楚第一步优化哪几个关键词，第二步优化哪几个关键词。要确定首页用哪些关键词，二级页面用哪些关键词，三级页面用哪些关键词。这里我要特别强调，关键词不仅要在首页进行优化，在二级页面、三级页面也同样需要优化。

三、关键词应用是个技术活儿

选择和匹配关键词,并不是我们的最终目的。我们的最终目的是运用这些关键词,优化网站布局,提升内容质量,进而提高网站在搜索引擎中的排名。

1. 建设网站先考虑关键词选择

在开发网站的时候,就要考虑到关键词选择的问题。如果在一开始没有去想这个问题,到了后期,网站就会出问题。

当然,网站建设是技术人员要做的事情,不需要我们亲手操作,但是我们要知道怎样和技术人员沟通,并要求技术人员把我们需要的功能体现到网站上。

(1)添加 meta 标签

前面讲到核心关键词的时候,我曾经提到过一种查看竞争对手网站所使用的关键词的方法。这个查看统称就是 meta 标签。我们要把关键词植入到标题、产品描述、产品名称中。

(2)导航优化

在很多公司的网站主页上,都会有关于公司和产品的介绍。有些人为了美观,就把导航做成了图片格式。但是,搜索引擎抓取不到这种图片格式的导航,所以必须进行优化。

什么叫导航优化?就是用文本做导航,而不是用图片做导航。什么是文本格式？简单说，当我们在网站的空白处拖动鼠标的时候，如果被选中的文字变了颜色，那么，这些文字就是文本格式的；相反，就是图片格式的。

这种文本格式是能够被搜索引擎抓取到的。因此，我们在做网站的时候，应该要求技术人员将导航做成文本格式，不要做成图片格式。图片格式的导航虽然看上去很绚，但没有实际价值。

（3）为网页添加独立的关键词

一个网站有成千上万个网页，我们应该为每个网页都添加独立的标题、关键词和描述，使得整个网站的所有网页都有被搜索引擎抓取到的机会。

（4）站内关键词相互链接

这也可以叫做关键词超链接。在站内关键词之间的互链方面做得比较到位的是百度百科。在百度百科的一个词条中出现了一个关键词，只要这个关键词在百度百科的其他地方有相关资料，就会以锚文本的形式在这个词条里显示出来。

（5）描述与关键词相匹配

当我们通过百度搜索引擎搜索一条内容的时候，我们会在搜索到的信息下面看到一条简短信息，这个简短信息就是这个网站的描述。这里也需要我们进行关键词匹配。这样的关键词优化效果才会更好。

不过，描述有一定的规则，既不能太长，也不能太短。描述的内容太长，别人看不到；描述的内容太短，有点浪费空间，毕竟那里是可以做广告的地方。一般来说，描述的文字大概40个字符就足够了，描述的内容能够在搜索结果中完全显示出来即可。

在描述中，我们可以把自己的联系方式加进去。这样，即便我们的网页出了问题，或者网速较慢，对方也可以通过搜索引擎上显示的联系方式和我们取得联系。

2. 站内发布新闻植入关键词

网站建设好后，还需要进行网站的内部优化。网站的内部优化是一个比较大的话题，在此，我只从关键词的角度来说。

（1）为标题与正文加上关键词

在网页中，文章的标题一定要含有关键词，因为现在搜索引擎对于标题的搜索权重大于关键词。既然网站的整个页面都要进行关键词优化，那么作为网页主要内容的正文，必然也要植入这样的关键词内容。

（2）不同的内容优化不同的关键词

通过灵活匹配，我们可以找到超过一千个关键词。这么多关键词需要通过不同的文章进行优化。不要把优化出来的所有关键词都放在一个页面上。在网站上，可能某个板块是专门做招商加盟的，也可能某个板块是重点瞄准某个领域的，比如培训行业，有专门做培训的，也有专门做咨询的，那么我们就需要把培训类的关键词植入培训板块，把咨询类的关键词植入咨询板块。这样的匹配更有针对性。

（3）经常更新网页内容

网站必须每天登录，每天维护，每天更新内容。慢慢地，我们会发现，随着网站的优化，网站登录频率越高，网站权重就越高，因为网站的活跃度高。

我说的天天更新内容，并不是说一定要保证原创。我们不能要求网站编辑们去造内容，但是，我们可以去抓热点，抓事件，抓话题。实在没有内容的话，我们也可以从行业信息里面找，把别人的信息拿过来进行加工整理，加上自己的内容，加上自己的关键词，让它成为我们快速优化网站的一种方式。

（4）搜索引擎和目录的提交

我们做好了网站，为网站做了优化，导航全部按照预设的要求制作，每个页面都有关键词，总之，一切都准备好了之后，还有一项重要工作要做——把网站提交给搜索引擎。这样做是为了让搜索引擎更好地抓取到我们的网站，甚至直接收录到首页。因为搜索引擎是先收录后排名的，这是为提升搜索引擎排名所要做的重要工作。

每个搜索引擎都有这样的提交功能。那么提交入口在哪里？在百度上搜索"引擎提交入口"，很容易就能找到提交入口。在打开的网页上输入我们的网址，输入验证码，然后点击提交即可。我们也可以提交单独的页面，前提是这个页面没有被搜索引擎抓取过。除了网站和页面的单独提交，我们还可以进行批量提交，甚至还可以提交英文版内容。

3. 外部推广要有关键词链接

从分工上来说，网站的建设是技术人员的工作；网站的站内优化是编辑人员的工作；网站的外部推广是推广人员的工作。在有些公司，也许分工不是这么明确，他们的职能可能是合并的。这里主要是想让大家明白，进行外部推广的时候我们需要做什么，应该怎么做。

（1）搜索引擎广告投放

在做网络营销的时候，对于搜索引擎，我们可以选择免费的优化方式，也可以在搜索引擎上做付费广告。无论选择哪种方式，我们都要在优化过程中运用关键词，尤其是进行广告投入，更要有效植入关键词。

（2）用于行业网站和博客营销

很多企业经常会登录像 B2B、B2C 这样的电子商务网站，或者登录一些行业的门户网站。我们看到，在很多行业的门户网站上，都设有博客平台或者论坛。我们完全可以把这些博客平台和论坛变成自己的推广平台。我们可以把想要优化的关键词放到他们的网站上，放到博客上，放到论坛里。这些手段对网络渠道的开发来说，有重要影响。

为什么要这样做？以我自己为例。我做网络营销培训，刚开始的时候能够迅速推广，就得益于此。在前期的时候，我专门找教育培训领域的行业门户网站，先在行业门户网站开设我的博客系统。之所以这样做，是因为我做的就是教育培训，这与行业网站本身完全匹配，他们的关键词匹配和我要优化的关键词是一致的。也就是说，我们的关键词匹配度比较高。这种情况下，我的关键词优化就比较迅速，因为我想优化的关键词在它的网站上也有。这样，就提高了我的博客在该网站平台上的空间密度。如果有人在互联网上搜索，尽管搜到的是它的网站，但是在网站下面会显示我的博客信息。

不仅如此，我们还可以在博客里面进行网站链接，链接到自己公司的官方网站。通过别人的网站把流量引到自己的网站上，是一种快速吸引客户的方式，同时还能够提升自己企业的品牌形象。

（3）大幅增加网站外部链接数量

我们做网站的外部推广一定要做外部超链接。做超链接的意思就是通过外部推广，通过关键词再链接回我们想优化的网站。

一个网站外部超链接的多与少，PR 值的高与低，是考核网站等级的重要因素之一。PR 值全称为 Page Rank，即网页级别，是一个用来评估网页等级的标准，级别为 0 到 10。网页级别越高，网页的重要程度就越高。

从这个角度来说,我们想优化的网站所面对的不是一个点的问题,而是多个点的问题,甚至是整个面的问题。我们要进行全面检查:我们的网站有没有坏死页面,比如打不开的页面、没有内容的空白页面;我们的外部链接有多少;我们在优化关键词的行业网站中的排名,等等。

(4)和 PR 值大于 3 的网页友情链接

现在虽然对 PR 值的考核度没有那么高,但 PR 值仍然是衡量网站整体实力、点击量和浏览量的一个重要标准。因此我们要尽量选择 PR 值大一些的网站进行链接,这样才能有效增加反链数量。反链越多,可能给自己网站带来的流量、点击量就越高,机会也就越多。

但是有一点要注意,我们做外部链接、友情链接不要做得太多了。如果要做,一定要选择和目标客户类型一致的网站,比如,同是做建材的企业、同是做培训的机构,都可以相互链接。

另外,还有一点提示,在做友情链接的时候,应该要求对方在他们的网站上展现我们想要的文字。比如,我是做网络营销培训的,那么我在他的网站上做反链的关键词就应该是网络营销讲师、网络营销培训等。这和我们在外部发文章是一个道理:发文章的时候,我们要在文章里面添加关键词,大家可以通过关键词链接到我们的网站上来。

四、随时关注搜索引擎优化的效果

大家都希望自己在搜索引擎中的排名尽可能靠前,最好前三页都是自己的信息。这种自然排名是我们进行搜索引擎优化所要追求的效果之一。

要想知道搜索引擎优化工作的真正效果，我们就需要借助一些专业工具，进行结果分析。

1. 运用关键词工具分析竞争状况

现在网络上有很多种流行的关键词工具，比如，谷歌关键词工具和百度指数等。这种关键词工具能够帮助我们了解和分析关键词的搜索量、关注度和变化趋势，以及通过对比，帮助我们确定与核心产品最相关的关键词，从而进一步进行搜索引擎优化。

下面我仅以"网络营销培训"一词在百度指数中的搜索结果为例进行说明。百度指数这个工具可以帮助我们清晰地看到关键词在搜索引擎上的真实使用情况。例如，输入"网络营销培训"这个词，我们就能看到这个词的搜索情况，如图 2 - 2 所示。

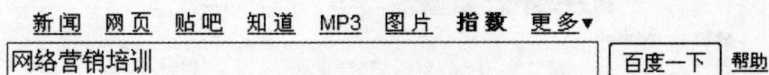

新闻　网页　贴吧　知道　MP3　图片　**指数**　**更多▼**

| 网络营销培训 | 百度一下 | 帮助 |

图 2 - 2　百度指数图一

我们可以看到"网络营销培训"这个词的用户关注度、媒体关注度，能够了解搜索这个词的地区分布、城市分布、性别分布、年龄分布、职业分布和学历分布，还能检索到相关关键词的搜索情况。具体情况如图 2 - 3 所示。

在"用户关注度"中，我们可以看出这个词在一周、一个月、一个季度的搜索热度，搜索量是上升还是下降。这可以反映出最近一段时间，这个关键词在互联网上的关注热度，可以帮助我们对关键词进行优化。

在搜索关键词的时候，我发现搜索长尾关键词会显示不出来，因为大

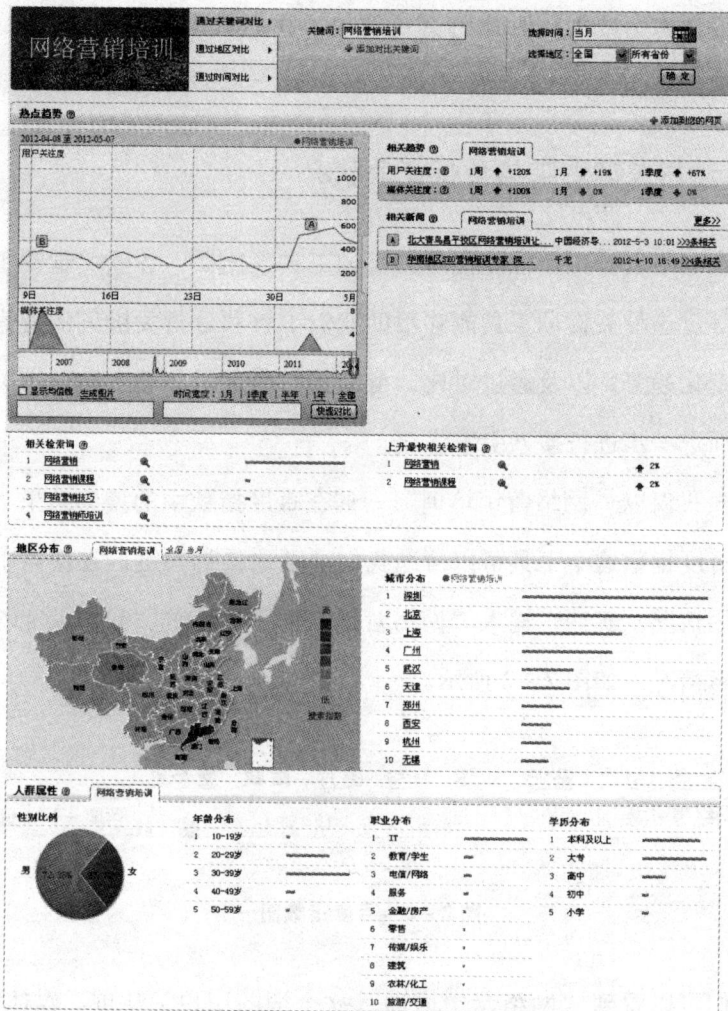

图2-3 百度指数图二

多数搜索都是使用泛关键词，那么我们就可以使用泛关键词去搜索。其实，这样反而有助于我们去选择长尾关键词。因为，有些长尾关键词虽然热度很低，搜索不出来，但是这种词的优化速度会非常快。

当我们在搜索框里输入核心关键词、泛关键词进行搜索的时候，在下面的"相关搜索"板块，会看到很多搜索引擎推荐给我们的关键词。比如，我输入"网络营销"进行搜索，我会看到网络营销外包、网络营销公司、网络营销师、网络营销软件、网络营销博客和网络营销课程等一系列的推荐关键词。这些词的搜索热度相对来说都是比较高的，那么，我们在选择长尾关键词的时候就可以将其作为参考。

如果我们在百度指数中输入"网络营销技巧"，发现搜索量很高，这意味着我们的目标客户进来的可能性会高一点。但是，通过搜索引擎搜索的时候，我们发现"网络营销技巧"这个关键词已经有很多人在竞争了，而且有很多专业做网络营销的网站，他们的优化效果也非常好，他们的免费信息都已经排在了首页，这个时候对于那些新网站来说，就不要再选用这个词了。相反，如果一个关键词的搜索热度不高、竞争性不强，做这种专业性网站的又很少，我们就可以选这个词作为我们的重点长尾关键词。

2. 通过收录与排名检测搜索引擎优化效果

网站的推广有一定的过程。即使网站做得再漂亮，也未必就能被搜索引擎抓取到。搜索引擎对于网站是先收录再排名的。如果我们的网站不能被搜索引擎抓取到，那么，我们根本就没有机会被搜索到，更不用说排到前面去。因此，要判断一个网站的搜索引擎优化效果，首先要了解我们的网站是否具备被搜索引擎抓取的能力。

（1）通过收录检测搜索引擎优化效果

类似的收录查询工具有很多。最简单的方法是，在百度上输入"site:"，然后在后面加上我们的网址，搜索一下，就可以看到我们的网站被收录了多少。如图2-4所示。

站长之家的导航栏中有一个站长工具，在站长工具的菜单中有一个"SEO情况查询"按钮；单击之后，就会打开"SEO综合查询"网页，输

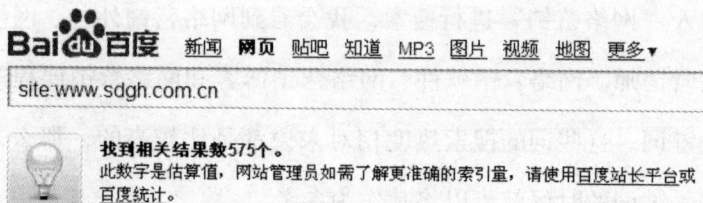

Baidu百度　新闻　**网页**　贴吧　知道　MP3　图片　视频　地图　更多▼

site:www.sdgh.com.cn

找到相关结果数575个。
此数字是估算值，网站管理员如需了解更准确的索引量，请使用百度站长平台或百度统计。

图2-4　百度收录检索

入公司网址后，同样可以查询网站的被收录情况。

经过查询，如果只找到两个相关结果，这说明网站只被搜索引擎收录了两个页面。那么被收录的页面多一些好还是少一些好？肯定是多一些好，被收录的页面越多，说明你在互联网上开的门越多，吸引客户的可能性越高。

经过查询，假设我们发现，我们的网站没有任何一个页面被收录，这说明我们的网站本身就做得有问题，不具备优化功能。我们必须在这上面多下些工夫。

（2）通过排名检测搜索引擎优化效果

所有做网络营销的公司都希望别人搜索关键词的时候，能够轻而易举地找到自己的信息，甚至能够排到搜索结果的第一位。搜索引擎优化的效果到底怎么样，检验方法其实很简单，只要在搜索框中输入相关的关键词进行搜索就知道了。

我们可以输入公司名称或者品牌名称，看看能不能搜到自己的网站，能不能在首页上看到自己公司的网站信息。如果排在了前三页，甚至第一页，说明搜索引擎优化的效果很好；如果排到第一位，说明搜索引擎优化工作进行得非常到位；如果在搜索结果中根本找不到我们的信息，说明我们的工作还差得很远，说明我们还需要继续努力进行搜索引擎优化工作。

五、搜索引擎营销 VS 搜索引擎优化

经常看到有人在网络上讨论搜索引擎营销与搜索引擎优化，甚至对这两个词感到迷茫。其实，这两者之间没什么区别。说白了就一点，搜索引擎优化是不花钱的，搜索引擎营销是花钱的。搜索引擎优化是一种不花钱的搜索引擎营销方式。

如果越来越多的人关注搜索引擎营销（简称 SEM）与搜索引擎优化（简称 SEO），甚至想了解两者的区别，这说明大家的网络营销与网站优化意识越来越强，越来越重视网络在营销中的作用。表 2-1 列举了搜索引擎营销与搜索引擎优化的区别，大家可以参考。

表 2-1　搜索引擎营销与搜索引擎优化的区别

项目	搜索引擎营销	搜索引擎优化
核心	把网站作为一个整体来营销	以关键词为中心来设计
目的	投入最小化，产出最大化，维护品牌形象，减少负面信息等	提升关键词排名、网站流量、搜索引擎收录量，优化网站结构
方式	以搜索引擎优化为基础，策划一系列网络营销方案，实施并评估	匹配和优化关键词，进行网站内部结构调整和外部推广
关系	包含搜索引擎优化	搜索引擎营销的一种方法

通过上面的对比，我们可以看出：

（1）搜索引擎优化是搜索引擎营销的方法和途径之一。不同类型的网站需要采取不同的营销方法。

（2）要进行搜索引擎营销，必须做好搜索引擎优化，建设好网站后台是前提和基础。进行搜索引擎优化，能够有效促进搜索引擎营销的效果。

（3）两者可以兼顾，或者只做搜索引擎优化的那部分，尤其是那些整体实力不是特别强的中小型企业。

其实，免费的、付费的网络营销方式，都可以达到营销目的。当网络平台发展到一定阶段的时候，企业除了会进行"不花钱"的搜索引擎优化，也会进行一些"不差钱"的搜索引擎营销，比如竞价排名、购买关键词、按点击收费和广告联盟推广等方式。

每一种网络营销方法都有其优势和弊端，因此，我们必须将搜索引擎优化和付费的推广方式相结合，以互补的方式去建设网站、推广网站，这样才能给网站带来更加理想的效果。而且，要想成功地做好网络营销，首先就要做好搜索引擎优化。

六、选择适当的搜索引擎广告投放方式

随着百度、谷歌、雅虎等知名搜索引擎的成功，加上广大企业用户对搜索引擎在品牌推广方面的贡献比较认同，因此，搜索引擎营销仍然可以称得上是目前网络营销的主流。我们可以根据自身情况，选择适当的搜索引擎广告投放方式。

1. 好的投放地点，自然有好的营销效果

这里所讲的投放地点，指的是付费广告的投放平台。传统的广告投

放，形式单一，受众不够多，搜索引擎广告则能很好地解决这些问题。剩下的问题就是，我们应该在哪个平台做广告。目前我们比较熟悉的搜索引擎主要有百度、谷歌、搜搜、搜狗、必应和雅虎。其中，知名度最高的是百度的搜索引擎。这么多的搜索引擎平台，该如何选择？

（1）衡量覆盖面

一个搜索引擎平台是否适合我们做广告投放，首先要看这个平台对目标客户的覆盖能力。我们应该根据广告的受众目标，有针对性地在相关的内容网站上投放广告。

如果目标客户是国内的大众消费者，我们就应该选择百度这种比较大众化的搜索引擎；如果我们的目标客户是 IT 人士，我们就应该选择这种客户常用的谷歌。

（2）了解搜索引擎的运营能力

搜索引擎营销一般是要求 24 小时营业的，因为我们的目标客户在任何一个时段都有可能出现。这就对搜索引擎平台的后台管理与服务提出了一定的要求。

搜索引擎平台要具备良好的后台管理水平，要能够提供及时、丰富的数据。这是决定广告投放的基础性的硬性能力指标。

搜索引擎平台还要能够提供很好的服务。搜索引擎营销需要投入相当的人力和精力，单靠企业是难以为继的，这需要搜索引擎后台提供相应的咨询顾问服务。

2. 善用百科做广告

百科广告是一种软文性质的网络营销方式。用好百科，将有效提升企业品牌知名度，提升搜索引擎营销的效果。

现在比较常见的百科主要有百度百科、维基百科、MBA 智库百科、互动百科、搜搜百科等。我们主要以百度百科为例进行说明。百度产品的受众是非常广泛的，以至于大家已经形成了习惯——遇到不知道的事情，就百度一下。基本上，每个人每天都要使用百度的某个产品。

百度的相关产品，与百度搜索引擎的融合度非常高，尤其是百度百科，只要百度百科里有现成的词条，当我们在用搜索引擎搜索的时候，这个词条就会出现在首页，甚至是排名第一。如果大家在百度搜索引擎中输入我的名字"石建鹏"，单击"百度一下"，就会看到我在百度百科中的词条，而且排在了搜索结果的第一位。

对于中小型企业来说，百科可以称得上是花钱少、效果多的最佳营销利器。当然，通过百科了解企业需要一个过程，短期之内未必能见到效果，但是，百科引导的流量是非常精准的。因此，现在很多企业都选择了百科营销，只是大家有时候功课做得不到位。对于百科，我们仍然需要进行精加工。

（1）内容全面、细致

百科必须综合、全面地概述企业情况，包括创业史、现状、愿景、使命、价值观等，要有企业的 LOGO、企业形象与品牌展示，让人通过百科词条就能够全面了解企业产品和品牌。

比如，在我自己的词条中，有我对自己的定位，我的相关职称和职务、工作经历、任职经历、主讲课程、服务过的主要客户、授课特色和授课方式等内容。通过这个词条，大家就能对我有一个大致的了解。

（2）添加网站链接

百科是很多网民都会用到的一个网络工具，它不仅带有一定的权威性，还带有很高的知识性。这不仅是因为词条本身就是一种知识，还因为在词条的最后一个板块通常会有一些链接，这些链接可以让人获得更多的知识。

对于企业来说，添加网站链接，可以将词条的浏览量转变为网站的浏览量，并最终转化为成交量。

不过，我们都知道，在百科里面加网址不是一件容易的事情，百度会有审查，而且很严格。这就需要我们采用一些技巧。

首先，提高编辑实力。最直接的方法就是提高编辑的账号等级。百度里的词条都是经过多次编辑加工的，我们编辑加工的次数越多，完成的任务越多，账号等级就会越高，通过率也会越来越高。

其次，内容要准确。词条内容是最根本的东西，也是加入网址的前提。因此，词条内容要简洁明了，有深度，不要把与词条无关的内容加进去。如果词条主题不明确，网络用户们对词条本身都不"感冒"，更不要说让他们对链接有兴趣了。我们先要做好词条，分清层次，简单易懂，才有机会通过。

最后，巧妙添加网址。内容对百科来说是最重要的，网址对我们来说是最重要的。不过，要切记不要在词条内容中加入网站链接，那样太突兀，太有广告味了，肯定是通不过的。只有参考资料和扩展阅读这两部分才是我们可以加链接的地方。

为了避免广告意图过于明显，我们不一定非要把网站首页加上去，可以随意链接到某一个网页，而且网页的内容要和词条有一定的联系。这样做，既合情合理，又能让大家看到网站。如果链接网址和词条内容风马牛不相及，大家一定会反感。

如果企业的网站没有那么权威，知名度没有那么高，可以借用那些相对比较知名的同行网站。将那些知名的同行网站和你的链接一起打上去，这样一来，审查的时候，也会比较容易通过。

七、一定要控制广告投放的成本

广告大师约翰·沃纳梅克有一段经典的黑色幽默："我知道广告费浪费了一半，但我不知道到底是哪一半。"这应该是所有做广告投放的企业的共同心声。我们做搜索引擎广告也是一样。尽管如此，我们还是要做下去，而且要通过预算和控制，尽量不让广告费再浪费掉。

开源与节流永远是企业过冬的两大制胜法宝。在经济紧张的情况下，尤其是那些经济实力不强的中小企业，特别渴望能够把每一分钱都花在刀刃上。在这样的条件下，我们需要进行调控营销，控制投入产出比，既要给予资金支持，又要提升传播效果。

搜索引擎营销有很多方式，每种方式的费用都不一样。我们可以根据实际需要选择适合自己的方式，预估和平衡投入与产出量。

1. 按点击付费

我们用得最多的搜索引擎都提供这种根据广告点击量收费的推广方式。这种推广方式被大家称为竞价排名、专家推广或者点击付费推广等。这种推广方式可以根据推广效果随时调整，比较容易控制费用额。表2-2对这种常见的推广方式有比较详细的描述，大家可以参考。

表2-2　常见按点击付费的推广方式

推广方式	描　述
CPM，每千人成本	每千人成本是指在广告投放过程中，听到或者看到的每一个人平均分担的成本，收费标准视主页热门程度而定
CPC，每点击成本	以每点击一次计费，是宣传网站站点的最优方式
CPA，每行动成本	按广告投放实际效果，即按回应的有效问卷或订单来计费，不限广告投放量
CPR，每回应成本	以浏览者的每一个回应计费，属于辅助销售的广告模式
CPP，每购买成本	在网络用户点击广告并进行在线交易后，才按销售笔数付给广告站点费用

对于表中列出的多种竞价排名方式，我们可以根据广告目的和企业实际进行选择。无论选用表中的哪一种广告方式，搜索引擎都按照网站质量度与竞价价格进行排名，综合指数高者排名靠前。那么，百度竞价排名指数的衡量标准是什么？可以用一个公式来计算：综合排名指数 = 质量度 × 竞价价格。

一般来说，新开户用户网站质量度默认为1，浮动范围为0.5~1.5。依照上面的公式进行计算，我们可以得出如表2-3这样的数据。

表2-3　百度竞价排名指数

综合排名指数	网站质量度	竞价价格（元）
1	1	1
1.5	1.5	1
1.5	1	1.5

也就是说，如果网站的质量度高的话，那么可以用较少的竞价价格获得更高的排名；反之，如果网站的质量度低，那么就要以更高的价格获得较高的竞价排名了。

影响网站质量度的因素有哪些?

（1）被点击次数

网站如果被点击次数越多，说明网站关键词优化较好，容易被搜索，且受目标客户关注度较高。

（2）网站的写作质量

一个好的网站，无论在形式上怎样花哨或如何保守，这都不是最重要的，最重要的是内容。这不仅要求网站要有好的网站名称、网页标题，还要求有很贴切的关键词。如今，网站数量繁多，要想让自己的网站脱颖而出，更需要网站的编辑开动脑筋，提供更好的创意，这样才能吸引更多的目标客户，实现网站的推广效果。

（3）网站本身的质量

当一个潜在客户打开我们的网站，网速很慢，一直在缓冲，或者内容花哨，找不到自己想要的内容，甚至打开产品页面发现里面一片空白，那么我们就彻底失掉了这个客户。作为网站，保证打开速度，没有空白或坏死页面是最基本的要求，这一点在下面将会具体讲到。

（4）历史账户表现

关于排名，还有另外一项影响因素，那就是账户表现。账户表现就像个人信用一样，一般来说，账户的历史表现越好，其关键词的质量度越高。

还有其他一些因素也会影响网站质量度，比如网站的布局、网站的 url 地址，网站文章的关联度等，这些就不作重点讲述了。

可知，要参与竞价排名，必须建立企业网站。而且，竞价排名不能解决现实交易问题，只是提供了一个入口。因此，我们必须把网站打造成营销型网站，提高客户浏览转化率。关于如何打造营销型网站，将在下面的章节里重点讲。

竞价排名的成本是比较高的，因此，为了提高被检索、被浏览量，应该选择用户数量比较多的搜索引擎。当然，我们应该综合各种因素，按照性价比高低进行选择。如果条件允许，我们也可以在多个搜索引擎平台同时进行竞价。

竞价排名的主要方式是购买关键词。虽然我们可以为品牌、公司、产品等匹配出很多个关键词，但是很少有企业能购买很多关键词，甚至有时候，大家只购买一个关键词。

这样做的效果不是最理想的。如果预算许可，可以选择 3 到 5 个使用频率比较高的关键词，同时竞价，这样就可能覆盖六成以上的目标客户。对于购买哪些关键词，应该细致分析。有时候，我们未必非要咬住热门关键词不放，一些相关的、价格不是特别高的替代性关键词，也可以作为备选。一个公司选出 2000 个长尾关键词，进行投放与优化，效果绝对高于只选三五个泛关键词。而且往往泛关键词的投放成本要远远高于长尾关键词。

2. 包月

虽然国际上一般通用的网络广告收费模式是 CPM 和 CPC，但还是有不少网站，尤其是中小型企业的网站，仍然采用包月制，即按照一个月多少钱来做广告。

这种方式，尽管对客户和网站来说可能不是特别公平，但是由于按点击收费的效果难以确定，网络广告商干脆不管效果，不管访问量，一律统一定价。

3. 按业绩付费

任何一种广告的目的都是获取业绩。而互联网的一大特点，就是业绩的不确定性——大家会搜索关键词，会浏览网站描述，甚至会点击、浏览网页，但就是不付诸行动，不在线交易。按业绩付费的方式则是在产生了购买行为之后，才进行付费。

按业绩付费，有它本身的优势，但这并不意味着 CPM、CPC、CPA、CPR 和 CPP 等模式已经过时。相反，如果我们一味地要求搜索引擎按业绩付费，不能灵活处理，可能会失去合作机会，最终影响自己的推广效果。因为就目前来看，还有许多网站不接受这种合作模式。

4. 其他方式

当然，搜索引擎的广告投放方式，远不止以上这几种，比如，我们还可以采用 CPL（以收集到目标客户名单付费）方式和 CPS（以实际销售的产品数量来换算广告费用）方式；比如，在百度搜索引擎右侧区域内有一个"火爆地带"板块，点击后可直接进入指定网站，当然其费用也比其他搜索引擎广告要高。

对于各种各样的推广方式，我们要评估投放成本和预算支出。根据自身预算，在精准评估了各种推广成本的基础上，我们才能最终确定适合自己的推广策略。

第三章

官网营销

一、让你的网站具有营销性

有了好的方法、好的策略，我们还需要进一步促使其转化成交，变成实际的业绩，这需要我们有一个能够实现这些方法和策略的平台——网站。如果我们的网站不具备这样的转化能力，无论是要进行搜索引擎优化，还是要进行搜索引擎营销，都等于无源之水、无本之木。

守株待兔的故事，大家都听过。做网络营销其实也有点这个意思。只不过，守株待兔是对妄图不劳而获者的一种讽刺，网络营销则完全有可能等到兔子们"自投罗网"——吸引客户，并引导客户成交。

不过，这是有前提的。当目标客户通过搜索引擎或者其他途径，进了网站，如果我们的网站空有个面子，客户点击产品页面想购买产品，却发现里面空空如也，也就是说，我们网站的站内链接是空的，页面是死的，客户很可能会立马退出网站，转而去我们的竞争对手那里购买，如图 3 - 1 所示。

营销型网站的重要功能之一是推广网站，搜索引擎是现在网民们最重要的信息获取渠道，如果网站不能通过搜索引擎实现有效的推广，这个网站就会在一定程度上降低营销性。

如果我们的网站设计得符合搜索引擎优化的要求，那么可能不花一分钱就可以在百度、谷歌、雅虎等搜索引擎中获得不错的排名，从而获得源源不断的客户资源。

一个营销型网站，首先必须满足这个基本条件：不允许出现打不开的

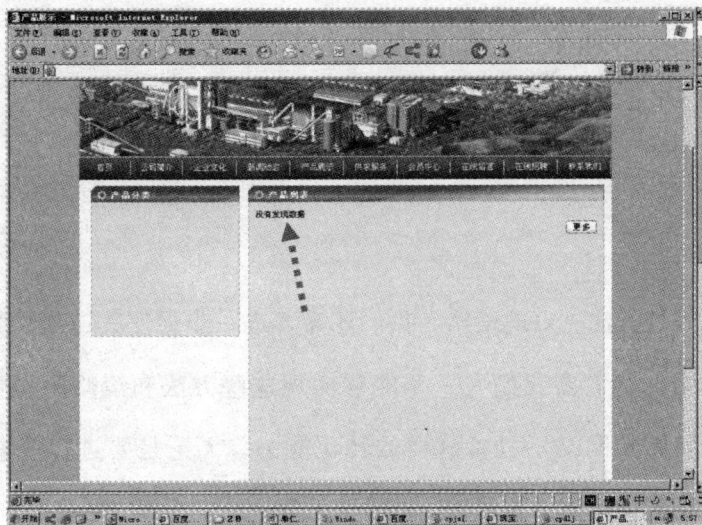

图 3 –1　网页空链

页面和坏死页面。这是成功留住客户的大前提。

那么，什么样的网站才能算做营销型网站？

1. 长期的公信力

所谓营销型网站的公信力，是指当客户见到我们的网站后，能对网站产生一种信任感。

一般来说，这种公信力可以通过多种方式来呈现。如：网站上一定要有详细的介绍，包括公司简介、联系方式、联系地址、联系人以及相关产品或服务的描述等。只有这样做，才能让客户更加了解你的企业。

为了提升企业形象，让客户放心，取得客户的信任，网站最好能够提供相关的资质证明、成功案例、版权信息和友情链接等。

2. 猛烈的传播力

传播力就是指我们的网站有没有吸引力，能不能让客户收藏网站，做忠诚客户，并帮助我们传播。关于这一点，可以从以下几方面入手。

首先，我们要懂得美化网站。比如，我们可以设置一些有趣的图片式广告，而且一打开网站就能看到；在公告栏要展示一些人性化的东西，比如员工活动信息、客户反馈信息等。

其次，我们要完善网站功能。网站要有在线客户服务功能，以便于和客户在线沟通，帮助客户解决问题。

最后，我们可以做一些活动。比如，免费注册可获赠礼品，或者可以搞一些类似优惠、返赠、免运费等活动。

3. 强大的网站销售力

一个网站是否具有销售力，直接关系到是否能够产生效益。如果网站缺乏销售力，就会直接降低营利能力。可以从以下几方面来提升网站的销售力。

首先，对于核心产品，我们要重点展示。而且，我们要为其提炼核心卖点，总结其与其他产品的不同之处。如果使用图片，一定要加强图片的震撼力、感染力，争取让客户过目不忘。

其次，一定要有联系方式，而且要分区域明确标出，包括销售电话、客服电话等，以便于客户购买、咨询和解决问题。

再次，借助客户进行宣传。我们可以选取客户的一些留言或者评论，也可以将重点客户列举出来。这样能给对方一种信任感。

最后，销售的方式要多样化。在销售方面，我们不应该过于拘泥单一的销售方式，可以采取搭配销售、组合销售、相关销售、推荐销售等多种方式。

二、进行搜索引擎优化，快速提升网站访问量

一个营销型网站，首先必须具备搜索引擎优化功能，也就是说要能够成功地被搜索引擎抓取到。网站被搜索引擎抓取到的概率越高，被访问的可能性也就越高。如果没有访问量，"营销"两个字就失去了意义。

1. 力求网站动态化，页面静态化

为了更好地被搜索引擎抓取到，我们在设计网站的时候，要遵循一条原则：网站设计动态化，页面设计静态化。意思是说，我们要把网站设计成动态的，把页面设计成静态的。为什么要这样设计？因为动态页面被抓取的速度太慢了，静态页面被抓取的速度则非常快，这种整站页面的静态化处理，能够提高搜索引擎的收录效果。

什么叫静态页面？通过页面的后缀就可以看出来。打开一个网站，点开一个页面，如果页面的后缀中带问号，就是动态页面；如果页面的后缀是"html"，就是静态页面，如图 3 -2 所示。

http://www.sdgh.com.cn/?optionid=135 ———— 动态页面

http://www.shijianpeng.com/about/About_Us.html ———— 静态页面

图 3 - 2　如何区分动态页面和静态页面

现在微软推出了一项新技术，是以"aspx"结尾的，这是一种新的网络编程方法。这种文件是在服务器端运行的动态网页文件。虽然它不是以

"html"结尾的,虽然它是动态网页文件,但是它的运行效果非常不错,也非常便于被搜索引擎快速抓取。

这就是说,我们在做网站的时候,不能只是看页面是否美观,功能是否齐全,更重要的是要考虑其是否具备营销功能。我们在做网站的时候,一定要实现页面静态化,即将后缀设置为以"html"结尾的,或者采用微软的"aspx"后台技术。

2. 每个页面都要有独立的标题、关键词和描述

在前面搜索引擎优化的部分,我曾经提到,要为网站的每一个网页添加独立的 meta 标签,就是标题(Title)、关键词(Keywords)和描述(Description),以提高被抓取的机会。

现在我来提醒一下操作时的相关技巧。进行后台处理,在"信息编辑窗口"中的"关键词"一栏填写关键词的时候,每个关键词之间不要加空格,而是要在英文模式下输入半角的逗号、竖线或者下划线。这三种符号是所有搜索引擎通用的关键词分隔符号,甚至标题中含有关键词也可以用此符号分隔开,如图 3-3 所示。

有时候我们的网站不是自己制作的,是买来的。网站本身可能不是每个页面都有优化功能,那么我们就要要求技术人员在源代码里进行优化。

3. 网站一定要有强大的内链功能

在很多网站,我们都会看到这样一种现象:登录网站、打开页面后,在网页的左侧或者右侧会有一些导航。通过点击这些导航,浏览者可以被引导到其他页面。

如果浏览者打开页面,只看了一下首页就离开了,肯定收不到什么营

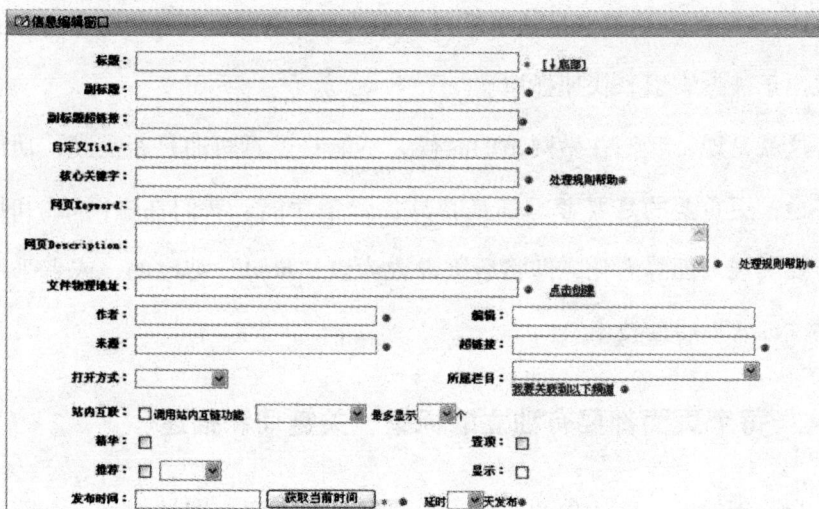

图 3 – 3　信息编辑窗口

销效果。如果对方浏览了首页之后，又通过导航的内链功能，进入到了其他页面，这就增加了网站的黏性。这对于开发客户、提升网站质量、提高网站排名都是非常有利的。通过一个页面进入另一个页面，这属于站内页面之间的相互链接。

　　站内相互链接还有另外一种方式，叫系统关键词。系统关键词是一种带超链接的关键词优化功能。通过后台设置，我们的网站可以实现一种功能，即只要在这个网站出现某一个关键词，就自动添加超链接，链接到我们想让客户进入的页面。比如，我在个人网站上发布一篇讲述网络营销关键词的植入技巧和方法的文章，如果在文章中我提到了"网络营销专家"这几个字，我就可以自动加上超链接，链接到我的个人介绍页面。

　　这样的关键词超链接，我们自己可以随机设置。这样在文章中植入关键词的方式，同样可以让网站的页面和页面之间形成网状交叉，增加网站的黏性。

4. 新一代网站地图很重要

网站地图，也叫站点地图。它是一个页面，上面放置了网站上所有页面的超链接。如果有的人在网站上找不到自己需要的信息时，可能会使用网站地图作为后备补救措施。因为网站地图有很强的指向性，能够帮助访问者找到他们想看的页面，如图3-4所示。

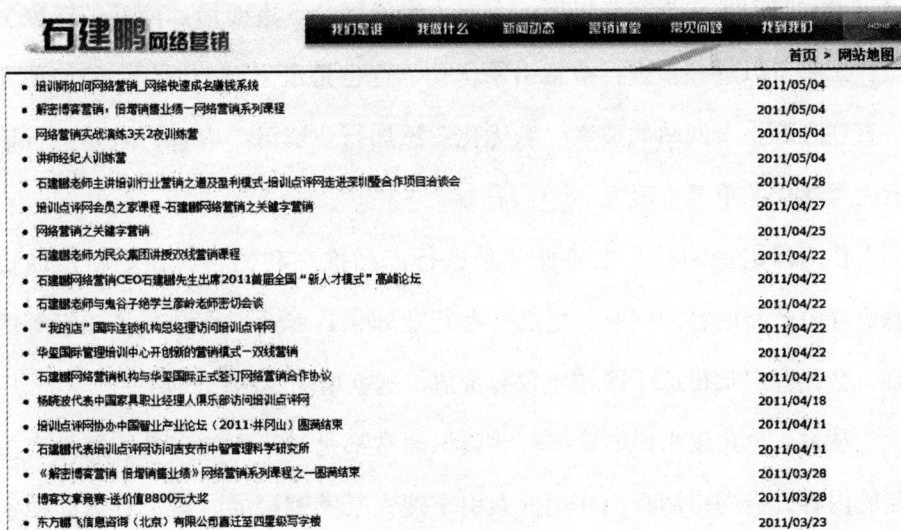

图3-4　网站地图

网站地图一般有两种分类方法。一种是矩阵式网站地图。这种地图像公司的组织架构一样，通常由企业简介、产品介绍、新闻动态、行业资讯、联系方式、帮助中心等板块构成。这种方式的网站地图比较多。第二种是打乱式网站地图。这种地图一般按照发布的文章类型划分不同的板块。

我们的网站一定要有网站地图。网站地图主要是给搜索引擎看的，因为搜索引擎非常喜欢网站地图。我们按照营销型原则去设计网站的时候，实际上是在搭桥，目的就是为了让搜索引擎蜘蛛能够快速爬到我们的网站，抓取网站的每一个页面。我们把网站地图提供给搜索引擎，就能够让搜索引擎更快地找到我们。

5. 添加行业资讯，吸引用户阅读

为什么有些网站会放一些行业资讯、行业知识等内容？这样做，一是可以增加吸引力，为客户提供一个有内容的网站，进而增加网站的深度浏览；二是可以进一步进行搜索引擎优化，这也是最主要的原因。我们前面一直在强调整个网站的搜索引擎优化。添加行业资讯等内容，就是进行搜索引擎优化的重要手段之一。

作为营销型网站，主要任务是进行产品推广和销售。在更新产品信息、介绍产品内容的同时，增加一些行业知识、专业知识、产品知识等内容，会让客户觉得这个网站比较有价值，这就增加了网站的黏性。

从另一个角度来说，这些行业资讯通常都是与我们的产品和网站有关联的内容，当网络用户们在用搜索引擎搜索某关键词的时候，有可能搜索到我们的网站信息，这在一定程度上会帮助我们提升浏览量和点击量。这样说来，类似的内容增加得越多越好。

三、提升网站转化率，让潜在客户转变为客户

良好的客户体验，是营销成功的必备基础。营销型网站，同样如此。我们的网页一定要设计得充满人性，通过各种手段，重视客户，引导客

户，提供良好的客户体验，在最短的时间内让客户了解我们，信任我们，从目标客户变成有效客户。

1. 好好设计专题页

我们在上网的时候，偶尔能发现有些公司会为某一款产品制作一个单独的专题页面。在这个页面上，所有的内容都是围绕同一款产品进行的，有基本介绍、价值分析、使用者案例等。

这种专题页可以直接作为搜索引擎优化的内容使用。我们不一定要将它放到首页上，也不需要为了这个页面更改网站，只要在网站下注册一个二级域名即可。在首页，我们可以放置一个通栏的图片广告，可以让用户通过超链接打开该页面。在做推广的时候，我们可以专门推这个二级页面。这样做最主要的作用是推广方便，卖货方便。

2. 先形成信赖感，后引导客户消费

对新客户销售的最大障碍是什么？是信任。新客户缺乏对我们的信任。因此，要想让潜在客户变成实际客户，第一个环节就是解决客户的信赖感问题。那么，应该如何塑造网站的信赖感？

（1）形象和布局设计

从形象和布局上，我们的网站要达到这样一种效果，即让人一看之下就觉得我们不是一个骗子公司，不是一个皮包公司，是真实的、是有资质的，如图3-5所示。

（2）有用户见证和成功案例

在淘宝网上商城，人们买完东西都要做一些评价。我们也同样可以把用户的一些好评放到网站上，这就是一种用户见证。另外，我们做了哪些

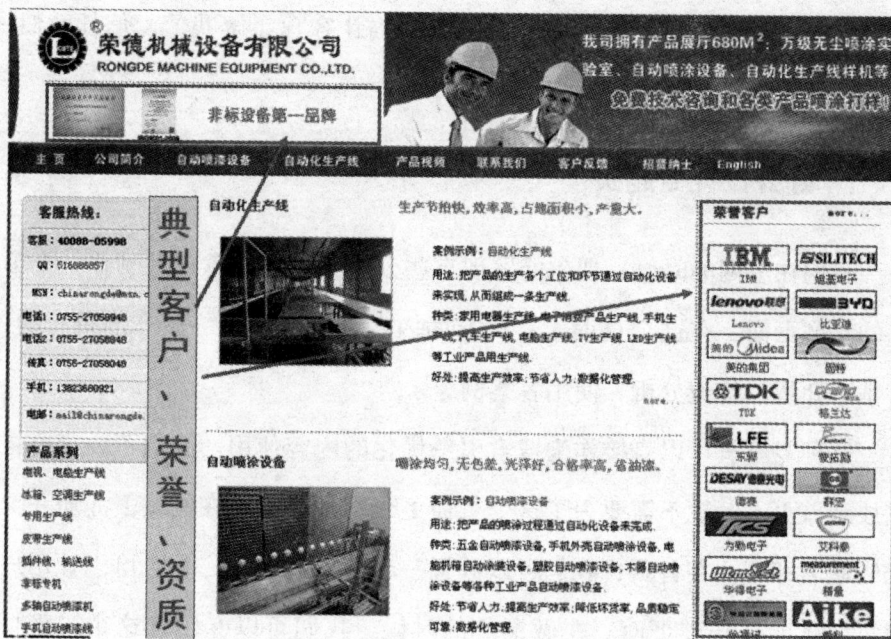

图 3-5　网站的形象和布局设计

成功案例，比如为哪些公司服务过，与哪些公司合作过，这些信息都可以列到网站上，这样会增加网站的可信度。

（3）**典型客户列表**

在企业之前的合作对象中，肯定不会只有一家企业。我们完全可以将那些比较具有代表性的客户列上，以表示我们自己的实力、产品的竞争力。

（4）**获得的荣誉和资质**

如果公司通过了 ISO9000 等质量体系认证，荣获过哪些行业大奖，获得过哪些专家或者名人的认可，或者被支付宝评为"诚信商家"，等等，这些信息都可以放到网站上。

（5）**企业实力展示**

企业有哪些实力，比如我们的设施有多全，环境有多优，渠道有多广，都可以作为实力的证明。

（6）解答常见问题

我们可以在网站上把客户关心的一些常见问题作为一个栏目专门列出来，提前把这些问题解答好。比如，我们可以在产品的甄别、购买、使用和保养等方面为客户提供指导性建议，帮助客户解决问题。

（7）作出郑重承诺

我们还可以在网站上对产品和服务作出郑重承诺。在这方面，很多企业都做得很好。我只举一个例子说明，如图3-6所示。

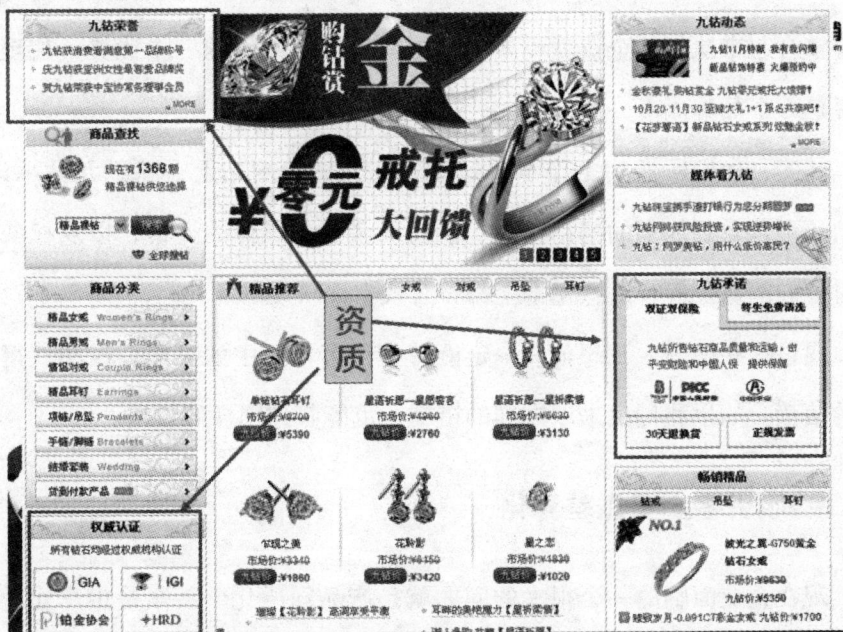

图3-6　资质信息提升信赖感

案　例

有一个知名的钻石品牌，叫九钻珠宝。对这个品牌，我印象最深刻的是他们的九钻承诺。用九钻来承诺，说明他们的承诺星级是比较高的。九钻承诺作为公司对客户的一种态度，直接表现在他们的网站上。

具体来说，九钻承诺有四项内容：一是双证双保险。他们售出的 30 分以上的钻石，提供国际鉴定证书和国内鉴定证书；运输过程和产品质量，由中国平安和中国人保提供保障。二是 30 天退货。客户购买了产品后，如果 30 天以内发现质量问题，可以要求退货，邮费由九钻承担。三是全正规发票。九钻售出的所有产品，均提供正规发票。四是终身免费清洗。客户凭发票可以享受终身免费清洗服务。

如果拆开来看，九钻的这些承诺政策，很多企业都在执行，但把这些内容整合起来执行的企业就不多了，这就构成了他们的一个优势，甚至可以说是一个品牌。

其实，他们所做的工作不只这些。在九钻的网站上，除了九钻承诺，我们还可以看到他们的畅销精品、获得的荣誉、媒体的评价，以及权威机构对他们的认证等，这些基本上都符合我上面所说的那几点。

通过这些措施，我想他们一定能够打消客户心中的疑虑，成功获得客户的信赖。如果我们也采取同样的措施，也能收到同样的效果。

3. 吸引客户要靠差异化

现在企业面临的一个很大的问题就是产品同质化，甚至是山寨化。我们有什么产品，别人就有什么产品，我们有什么服务，别人就有什么服务。市场竞争非常激烈。如何脱颖而出，是所有企业都想突破的一个瓶颈。

方法不是没有，那就是设计出独特的产品，凭借这种独特性，我们能够有效地区别于竞争对手，成功吸引客户。下面用一个休闲鞋的例子来说明，如图 3-7 所示。

图 3 –7 Mr. ing 展示

案 例

Mr. ing 是一款知名的鞋类品牌。上市之初，它就凭借差异化、独特性吸引了大量的客户购买。它的鞋看上去很普通，但是非常具有实用性。

首先，它具有六大特征：超级抗震、快速蒸发水汽使之干爽舒适、附赠"懒人"套脚带、透气双层网布、上等牛皮制品、优质耐磨橡胶鞋底。

其次，它还有六大必买理由：超强大的透气功能，像凉鞋一般透气、凉爽、舒适；鞋子本身超轻便，而且鞋底柔软舒适；配备强悍抗震功能，在鞋垫前掌处设计了按摩豆；具备快速排汗、快干的优质性能；超百搭，不管穿什么样的裤子都可以搭配起来穿；销售业绩惊人，使用评价超高。

在营销过程中，他们还有一大亮点，那就是针对不同客户设计了不同的广告词。比如，他们把鞋卖给女人的时候是这样说的：这个季节独有，疼爱老公的方式，让他轻松度过这个夏天。他们把鞋卖给老人或者男人的时候，所使用的又是另外两套不同的广告词了。

不仅如此，在推广的时候，他们还采取了很多策略。他们曾经发表过

77

一个声明，称他们在某月某日之前累计销售了 3 万双。客户们对这种鞋的评价非常高，高达4.7分，总分是 5 分。为了避免大家对断货、断码的担心，他们告知客户，他们有自己的生产基地，客户完全可以放心订购。另外，这种鞋的售价只有一百多块，性价比很高。

以上这些与众不同的策略，正是这个品牌的鞋大卖的主要原因。其实，他们所采取的这些策略，和上面所提到的用户见证、实力展示、作出承诺和问题解答等不谋而合。不仅如此，为了进一步证明产品的可靠性，他们还在网站上刊载了产品的许多实体照片，加深了客户的直观印象。

我们做网站的时候也是一样。在做网络宣传的时候，我们要考虑到客户可能考虑到的所有环节。只要客户想到的地方，我们都要去优化。一般来说，我们都会采取图片配文字的方式，因为在网络上没有办法展示实际的产品，但是只要我们能把最终的效果展示给客户就可以了。

在展示过程中，一定要体现出产品的独特性。比如，我们的产品与别人的产品比，好在哪里，有什么鲜明的特点等。很多时候网络是客户了解产品的唯一通道，如果我们这样做了，客户才会对产品了解得更直观一些。如果我们的网站做得够独特，产品够差异化，就能成功地吸引客户购买，而且速度很快。

4. 建立强大的导购体系

如何建立强大的导购体系？

（1）准备两根以上电话线

为什么电话线要准备两根以上？这是为了避免出现电话打不通的现象。我建议大家开通 400 号码，或者企业小总机。如果客户打进来电话，却总是占线，这一定会影响销售。我们可以把电话号码放在首页上方，这样更方便潜在客户们查找。

（2）在购买环节设计醒目的购买按钮

很多公司会在网站的首页做图片广告，我们完全可以在广告图片上加上购买按钮，提醒客户如果想现在购买，点击即可进入购买系统。凡客诚品、淘宝商城、当当网上经常会出现这样的图片。

（3）建立在线客服系统

QQ、MSN、TQ 等即时通讯软件都可以作为在线客服工具，如图 3－8 所示。通过在线客服系统，那些对产品产生了兴趣的潜在客户，可以通过在线应答功能跟我们取得联系。

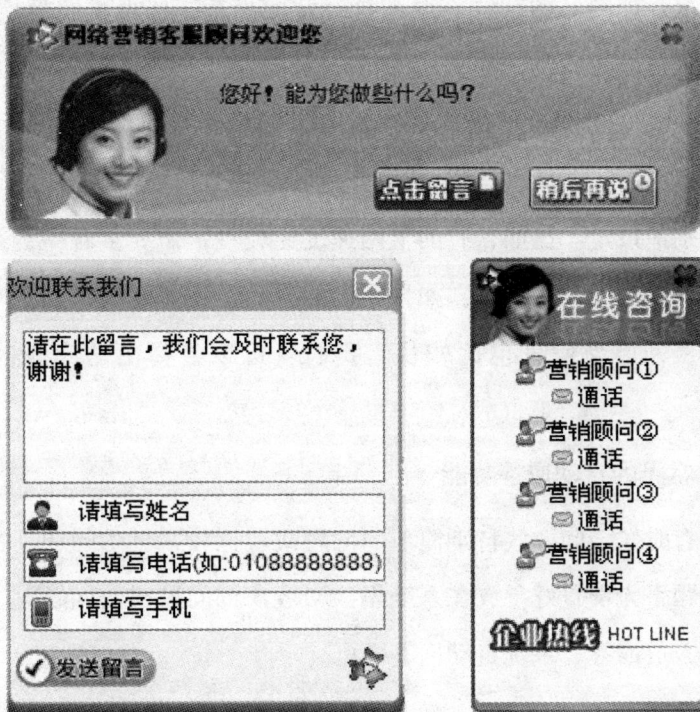

图 3－8　在线客服工具

不是所有人都会主动打电话询问产品，但是当他们对产品产生兴趣的时候，如果网上有在线工具，对方有可能会咨询一下。有人在线咨询，如果在线客服人员有足够的沟通能力，就有可能将对方转化为客户。

这种在线客服系统最大的好处在于可以清晰地知道客户的地理位置，访问过哪些页面，关心什么内容，是从哪个网站访问到你的页面上来的，是用哪些关键词搜索进来，来自于哪个搜索引擎，来过几次，等等。

这种软件可以帮助我们进行分析。比如，通过关键词进来的客户，我们可以知道是从百度进来的，还是从谷歌进来的，是通过付费渠道进来的，还是通过自然优化手段进来的。也就是说，这种系统能够帮助我们了解很多平时看不到的信息，并对这些信息数据进行分析。

使用这种软件，还要注意它的弹出频率。很多人上网的时候，都碰到过这种情况，即网站的在线客服系统经常蹦出来，搞得我们挺烦。其实，这个系统是可以在后台设置的，我们可以设置它的弹出频率。对方来到我们的网站，我们当然希望跟他取得联系，但是客服系统弹出得不要太频繁，太频繁容易让人反感。这个间隔时间，我们可以根据客户的年龄、网速等有区别地设定。比如，有的上网速度比较慢，需要多看一会儿，那就将弹出的间隔时间调长一点；如果我们的产品是针对年轻人的，对方上网速度比较快，接受信息也比较快，我们就可以将弹出的间隔时间调短一点。

（4）常见的自动应答功能

客户有时候会问一些特别简单的问题或者比较常见的问题，我们可以把这些问题事先设置好，放在系统里。当客户询问这样的问题时，不需要在线客服人员回答，系统自动回答即可。

（5）设置帮助信息

我们可以在网站的下面设置帮助信息功能。在帮助信息部分，可以设置新手上路、如何使用、如何付款和退款以及售后服务等板块。

这是因为客户要了解和购买我们的产品时，不会只想了解产品本身，还需要了解我们的后续服务，包括网站怎么使用、购买和退换货流程等。尤其是对一些年龄偏大和首次从我们这里购买产品的网友来说，更需要这些帮助。

5. 让网站更直观一点

高品质的产品展示，不单单是对产品的规格、款式、颜色等信息进行展示，此外，还要进行综合的介绍与展示，给客户们更直观、更全面、更有吸引力的印象。那么，怎样才能达到高品质的展示？

（1）根据企业类型选择展示方式

简单说，就是"卖什么吆喝什么"。不同的服务项目、不同的产品适合哪种展示方式，应该根据企业的类型而定。比如，外观型产品，要走视觉路线；工程型产品，要走案例加设计师路线；原料耗材类产品，要展示其应用结果；服务型产品，要走案例加专家路线；组合型产品，应该把每个部件进行分解，再加上组合之后的整合效果。

我们的网站卖的是什么就要宣传和展示什么，绝对不能做成四不像。对方关心什么问题，想从我们的网站获取什么样的内容，是我们首先要考虑的问题。他想要什么内容，需要什么产品，我们的网站在展示产品的时候就要放什么样的内容和产品图片。

（2）重视展示方式，达到产品展示效果

不一样的展示方式，达到的展示效果会有所不同。我们可以通过文案、图片以及视频的方式，全方位展示产品。

有一句话叫"知其然不知其所以然"，很多时候我们在网站上放图片、放视频，却不知道它的目的和意义。我们放的每个东西、设计的每个点都是有目的的，都要知道它背后要什么，不能为了有而有，不管是用图片、用文字，还是用视频，都要这样。

比如，有些网站会放一些视频，但是如果把视频放到自己的服务器上，会影响网速。如果客户点击了半天，却打不开，只能选择关闭。因此，很多人选择直接嫁接优酷、酷6这些网站，这种方式不会影响网站本身的速度。还有一些网站经常会有一些Flash，但是打开之后，网站会出现什么现象？缓冲到35%的时候不动了，结果客户因为等不及，只能选择关闭。

当然，这不是说我们不可以这样做。如果我们有雄厚的资金支持，有强大的服务器后台，想要建设一个良好的网络品牌形象，可以考虑建设一个形象网站。如果在这些方面我们达不到，不具备强大的技术支持，就应该以主要目的为主，即把焦点集中到宣传推广、销售产品上来。

四、有效引导客户，提升网站促销能力

我们要懂得向网站要效益的道理。营销型网站的根本目的是营销，实质是抓住每一个细节，通过强大的营销能力，引导客户成交。如果营销型网站不是一个能赚钱的网站，就不能叫做营销型网站。那么，如何打造一个营销型网站？可从以下几方面入手。

1. 给客户更详实的资讯

我曾经在网上看到过这样一个故事：

案 例

一位刚刚买了一套房子的先生，在装修完之后，最后一算只剩下3000多块。于是，他就想了解一下有没有3000多块钱的液晶电视。他在网上搜了一下，结果搜到了这样一条信息：年关将近，现在为大家选了几款经济实惠的电视机。某某品牌32寸液晶电视，型号多，2790元。下面附了带有超链接的电视机照片。

点进去之后，他发现这条信息确实是真的。不仅如此，当时下单订购电视机，还将获赠一条价值1166元的高清射频线，还有机会参加港澳四天三晚双人游抽奖活动。

我们首先可以肯定，这是该网站做的一个网络营销活动。我们来看在他们所做的活动中有哪些值得我们借鉴之处。第一，他们进行了搜索引擎优化，否则客户不会从搜索引擎上找到他们的促销广告信息；第二，他们在网络上公布了详实的产品信息，包括产品的价格、品牌、规格和型号等；第三，他们为自己的产品加上了超链接。这样可以增加网站的浏览量，并将客户引向销售；第四，他们还提出了一系列的奖励措施。这就进一步让客户产生了物有所值，甚至是物超所值的感觉。

这么好的电视机，这么便宜，还有礼品送，还有参加抽奖的机会，一定能够成功激发大家的购买愿望。可以说，他们的网络营销推广策略是很成功的。

总之，为了满足客户的需求，推广公司的产品或服务，我们在网上提供给客户的资讯越多越详细越好。诸如产品的品牌、类型、规格、价格、特性、促销信息、用户评价、使用注意事项等信息，最好都能够提供给客户，尤其是要体现出产品的特色。

为客户提供详实的资讯，不仅是出于营销的需求，也是出于教育客户、拉近与客户之间关系的需求，更是出于打造一个集营销、信息、交易、购物和互动于一体的综合性网站的需求。

2. 千方百计提升客户的一次购买量

如何让客户一次买得更多？方法就是实行打包、加码和联想销售等模式。类似的销售模式在日常生活中很常见。只要我们善于把产品进行组合设计，就能取得不错的销售业绩。

（1）打包销售

我们在京东商城购买打印机的时候，会看到下面有打印机外加墨盒的产品优惠套装信息。买打印机是为了打印，而打印的时候需要墨盒。同时购买两者，能够享受一定的优惠。这就属于打包销售。

（2）加码销售

我在网上看到过一个卖人造假花的网站，如图3-9所示。我们都知道假花需要像真花一样插在花瓶里。基于这一点，他们就在网上公布了这样的信息：购买假花之后，加多少多少钱就可以得到一个花瓶。假花可以不赚钱，花瓶赚钱就可以了。他们用的这种方式就是加码销售。

（3）联想销售

在当当、京东和亚马逊等网上商城买过书的人一定知道，在图书信息边上会有一个提示，说买过此书的人还购买了哪几本书。我在刚刚当培训师的时候，想了解一些培训技巧和培训管理工具。当时我买了一本《培训师工具箱》，买完之后，我发现下面出现了好几本书，有关于沟通的，有关于激励的，当时我想，要学就学得系统一点儿，要了解就要了解得全面一些，于是，我一下又买了另外五本书，这五本都是网站推荐的。这就是一种联想销售。

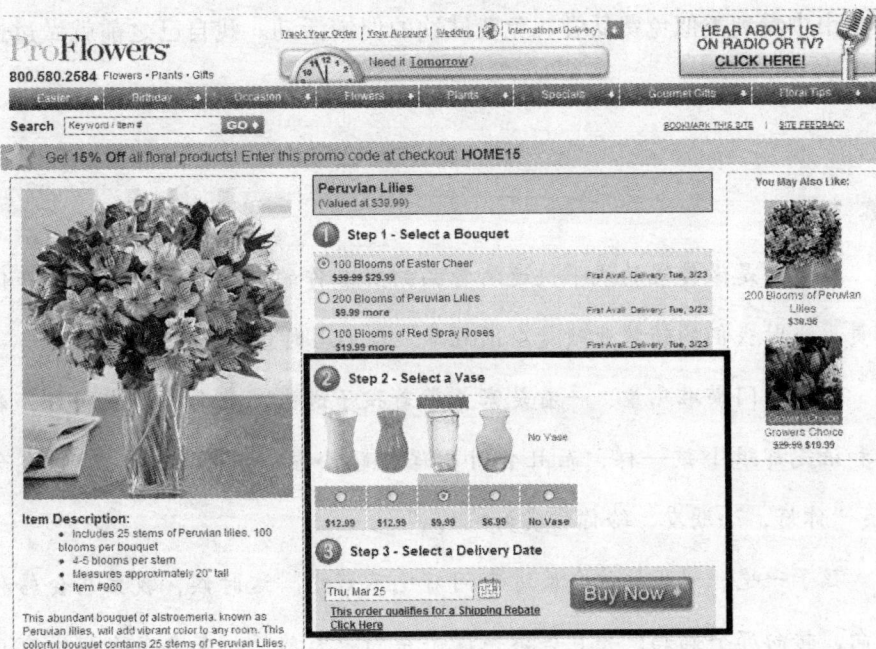

图3-9　加码销售

五、如何提升网站的客户回头率

我们做网络营销和做传统营销一样，都不能做一锤子买卖。网站拥有回头访客，和实体店拥有老客户一样重要。这是提升业绩的必经之路。我们必须做好网站，学会跟进和服务客户，让客户满意，黏住客户，让客户多次访问，多次购买。

1. 提供免费服务，让顾客先尝后买

免费的先尝、付费的后买是大家经常采用的一种营销策略。我们经常

在超市中看到类似免费品尝、免费试饮的促销活动。我自己之前就做过这种工作。

案 例

我以前是做传统的线下快速消费品销售工作的，我的第一份工作是促销员，当时我们的销售业绩是全国冠军。我们当时是这么做的。

我们专门瞄准儿童，一看是家长带着孩子进来，就向小朋友问好，表情和语气都跟小孩一样，而且会时刻保持跟小孩一样的状态。通常我会说："你好，小朋友，给你尝尝好吃的。"

孩子一吃，妈妈往往会反过来问好吃不好吃。这时候，我立马会转移方向，转向那个妈妈，并且告诉她这个东西是天然的，怎么怎么好，有几款口味的。说完这些，我还会告诉她现在购买的话还有什么可以送。

我从促销员一直做到促销督导。后来，我们整天给促销员编对话模式，编完了就培训。这种模式确实帮助我们取得了不错的成绩。

这就是先免费、后收费的先尝后买销售模式。这种销售模式在网站上同样适用。也就是说，线上和线下的手段应该是一样的，只是模式有些改变，在网络上，很多产品我们没有办法让客户直接使用，不能让客户体验。但是，这没有关系，只要我们的后台系统能够跟得上就不是问题。

前面讲过的巧虎就是一个成功典型。我们也可以推行这种免费体验方式。把我们的利润让出来，不需要客户支付运费，不需要客户花一分钱，就能够试用我们的产品。

这种策略相当于是在放长线，客户们的脑袋都是很灵光的，谁都知道这种免费是怎么回事。如果我们的产品物美价廉、质量上乘，最后客户是会心甘情愿地掏"银子"埋单的。思想可以向别人学，方法需要自己创，这种思路我们不妨拿来一用，只是你的理由要正当，要合理，要能够让客户接受。

2. 持续跟进客户，增加购买次数

为什么要持续跟进客户？因为客户是很容易"健忘"的，如果我们不及时跟进，客户可能光顾一次之后就再也记不得我们了。

跟进客户在线下的传统营销中比较多见，经常是销售人员、客服人员给客户打电话，或者直接登门拜访。比如巧虎就是通过线下活动来保持持续的客户跟进的。那么，做网络营销应该如何跟进？

通常，我们跟进客户的工具是电子邮件。英孚教育就是这么做的。他们通常会让大家在网上注册，然后为客户们提供一些免费的学习机会。客户在免费学习之后，工作人员就会给这些免费试用的客户们发邮件跟进。

在邮件里，他们往往会这样说：

您好，我是英孚的××。是这样的，您前段时间在我们公司的网站上注册了信息，说您有兴趣学习英语，我们尝试给您打电话，但是没有联系到您，希望您收到邮件以后尽快回电话给我们。我们的免费电话是×××。顺便献上11月限量优惠课程表，每月成功报名者可以获赠两本免费课程书。

为什么他们会用电子邮件跟进？大家都知道，在进行网站注册的时候，人们一般都不会把电话留给对方，怕被骚扰，但是邮箱是必须填写的，因为在网站上注册之后，必须登录邮箱进行验证才能使用，因此邮箱往往都是真的，通过电子邮箱肯定能够联系到客户。当客户注册完毕、留下邮箱之后，我们就可以用邮件的方式挨个联系客户了。而且，在联系客

户的时候还能够描述一下客户注册这件事情。当然，在邮件的后半部分，要加上一个让客户购买的理由。这样才有可能让客户再次光顾我们的网站，并购买产品。

3. 通过多种渠道促使客户转介绍

开发新客户是很多销售人员非常头疼的问题。曾经有人统计过，开发一个新客户的成本是维护一个老客户的 7 到 10 倍。那么有没有什么拓展客户、让销售更简单的方法呢？有。那就是促使客户转介绍。让客户帮助我们介绍客户，耗时少，成本低，成功率高，可以说是世界上最容易的一种销售方式。

有一种客户会让我们的销售工作变得非常容易做。这种客户会义务帮助我们推介。他们和我们就像朋友一样，遇到了合适的人，就会把我们的网站或产品推荐给他。他们在报酬方面没有任何要求。当然了，这种客户是求之不得的少数派。除了这种情况，我们就要想办法开拓渠道、寻找方法来促使客户进行转介绍了。

（1）建立会员积分系统

现在很多商城型网站都建有会员积分系统：购买产品可以获得积分，撰写评论也可以赚取积分，不同数额的积分可以享受不同级别的折扣，可以用积分换取商城里面的商品。这些是很多商城都在采用的策略。

还有一种积分方式，就是转介绍客户之后，介绍人可以获得积分。介绍的人越多获得的积分越多，自然积分级别也就越高。

（2）直接给好处

这种做法属于比较直接、比较现实的做法。简单说，就是给帮助网站进行转介绍的人一定的好处。具体的方法可以是直接的提成、回扣，也可以是代金礼券和返赠等。

（3）激发浏览者情感与兴趣的共鸣

很多时候，客户都是通过朋友们的使用经历带来的。因为他们看到身边的人在使用某种产品，得到了某种优惠或者益处，自己也产生了同样的兴趣。

以前我没有信用卡，后来发现没有信用卡不行，到现在我也有了一张属于自己的信用卡。我办信用卡的时候还有一个小故事。有一天我们开完会，一个同事说他请客。我以为他发财了。他说刷信用卡可以打折，超划算。我一听就来了兴致，而且我还没有一张信用卡呢。然后，这个同事就把那家银行的网址给我发了过来，我点击链接，填好资料，不久之后，我的信用卡就下来了。

做业务员很累，有那么多的客户等着我们去开发，而我们根本没有那么多的时间和精力。那该怎么办？如果我们能够想办法把现有的客户发动起来，让客户变成业务员，我们的业绩就会飞速增长，我们的公司才能真正成长。也许这件事会比较费工夫，但是我们必须想方设法去做。

第四章

博客营销

一、博客比网站更有吸引力

不是所有人都会去运营网站，博客完全可以成为网站的替代品。博客的优化和网站的优化相似，不同之处在于，博客既是优化工具，具有优化功能，又能通过互动，创造更高的人气。通过博客的优化，同样能够为企业带来广大的客户资源。

1. 博客营销好处多多

我就是靠博客起家的。那时候我还是个单干的"个体户"，没有现在这样的规模。后来忙不过来，我才招了一个助理，再忙不过来的时候，又招了一个助理。我自己单干的时候，员工最多是两个人。但是，仅仅凭借博客，我每个月也能得到不错的收益。

有人说博客在网络营销里面已经过时了，不是那么回事。博客的关键词优化功能和人气互动功能并没有因为其他网络营销方式的出现而过时。通过博客卖红酒的例子，就是很好的证明。

案 例

一家公司生产了一种新红酒。可是红酒生产出来之后，他们就发愁了，酒卖不出去。这时候，老板无意中登录自己的博客，忽然之间就想到，能不能让博客上的好友帮忙推荐呢？于是，他给博客上粉丝量非常高的那些人每人写了一封信。信上说：博友你好，我们在博客上已经神聊已久。我是专门做红酒的。我们公司生产了一款新品红酒，这款红酒口感纯正、酒色红润、酒香醇厚。现在，作为这么多年的博友，我想免费邮寄两瓶给您，请您多给我们提一提建议，如果您愿意接受，可以把您的邮寄地址回复给我。

信息发出去之后，多数博友都回复了，而且留下了地址。他也没有食言，依约给每个人都邮寄了两瓶红酒。

当邮寄完红酒之后，他又写了一封信给这些博友，询问他们是否收到了红酒，品完酒后感觉怎么样，同时希望这些博友们把感受写在博客上。

虽然并不是所有的博友都撰写了博文，但多数的博友都写了一篇品酒之后的感受。这些人的粉丝都是几百万、上千万的，这些博文被一转再转。结果，通过这种方式，他卖红酒卖了一个多亿。本来可能会死掉的一家企业，仅靠着这一个品牌就起来了。

为什么这位博主的博客变成了"摇钱树"，而我们的博客却无人问津？这是因为：第一，这位博主没有那么功利，他在运作这件事情的时候，在态度上是很随意的，对方是否接受邀请，是否撰写博文，都没有关系；第二，他信守承诺，既然答应了赠送红酒，就不食言；第三，他利用了人们的一种心理，即我们常说的"拿人手短，吃人嘴短"，之所以会有不少人发了博文，就是这个道理；第四，他所征集的都是那些重量级博主。这些博主在博友中间是非常有影响力和号召力的，他们一发文，就可能有众多粉丝转帖、评论，这就相当于做了一次大规模的免费网络广告。

这个例子告诉我们，博客在营销方面的力量是巨大的。我在上课的时候经常建议那些学员们不要浪费身边资源，要结成一个联盟，让身边的人帮你转发。这种人传人的转发，本身就是一种非常棒的营销模式。

具体来说，博客营销的作用主要体现在以下几个方面：

（1）建立渠道，宣传形象

博客做得好，完全可以成为企业的全国广播电台、企业日报，成为与客户直接互动的沟通渠道。尤其是以企业老总的名义建立的博客，更能够起到宣传企业形象的作用，因为老总本身就代表着企业的形象。

（2）与客户进行沟通

现在不仅老板有博客，企业有博客，员工也有不少人开通了自己的博客。员工们会经常在博客上写一下在公司的感受，跟客户打交道的感受，这也会帮助我们赢得客户的信赖。通过这种方式，我们可以和客户建立起长久的联系，提升客户的信赖感。

（3）进行搜索引擎优化

博客是进行搜索引擎优化的一个重要工具。前面我们讲了关键词优化。关键词在博客中也非常重要。博客的名字、内容、介绍等都可以作为关键词优化的地方。这种优化同样可以增加企业在搜索引擎中的曝光率，提升博客访问量和在搜索引擎中的关键词排名。

（4）将自己打造成行业专家

在博客中，我们可以针对行业中的某些问题、某些常识进行解读。这样就有可能成为这个行业的路标，成就自己在行业中的品牌，成为行业的名人、专家，并且凭借自己的网络知名度，将这个领域中的相关资源引向自己。

（5）提升企业品牌知名度和美誉度

博客有着很好的公众性，每个人都可以来关注我们。我们同样可以去关注知名博客，并发布公关软文，让媒体向我们靠拢，帮助我们进行形象宣传。

（6）与员工沟通

写博客，我们一定要融入感情，这样才能让博客具有黏性。我们经常发一些生活中的琐事，比如和员工之间的故事，大家会更爱看。尤其是作为领导者，把心里所想的、平时不能说出来的话，通过博客展现出来，反倒能赢得员工，甚至是经销商或者合作伙伴、客户的认可。有人怀疑我们的博客能有这种功能吗？这个可以有，就看我们怎么定义博客。

2. 谁适合做博客营销

现在国内有很多企业都在通过博客营销来推销自己的产品，以求增加知名度。但是，是不是所有的产品、行业、企业都适合做博客营销呢？不一定，这要看产品、行业、企业的类型。

第一种适合做博客营销的是专业程度高的行业和业务。为什么这样说？因为专业程度高一点的行业和业务更容易相互就某一专业话题进行沟通。而且，这种博客一般具备专业知识，通过讲解，能够让大家了解。当然，这并不是说专业性不强的就不能做。相对来说，专业程度高的行业和业务更容易引发大家的共鸣，而且好优化、好推广。这一点大家可以拿我的博客做一下参照，如图 4 - 1 所示。

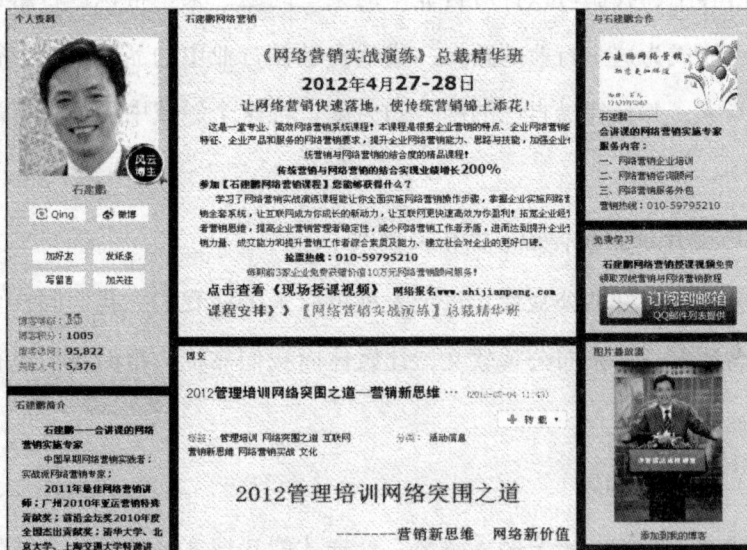

图 4 - 1　石建鹏的博客页面

第二种适合做博客营销的是服务行业。博客最大的任务是获得话语权和权威地位，通俗点说是昭告本行业有我这么一号儿。这种威信的树立对于服务类型的公司最有好处。

第三种适合做博客营销的是特色产品。这种特色产品需要让更多的人知道，或者企业需要进行理念宣导，都可以用博客的形式展现给公众。当然了，很多种产品都可以这么做，只是要注意突出重点和亮点。

3. 选对方式，做对营销

通常，博客营销有三种主要的运作方式。

（1）自己开博客

在具体操作上，公司老总要有自己的博客，作为宣传推广的主博客，同时鼓励员工一起来开博客，并形成一个网络上的互动。在互联网上形成互动，相互交流，目的是把资源尽量引到主博客上来。

（2）踩别人博客

对那些做完了的博客，我们不能不管不问，坐着等客户来。我们要经常去踩一些名人的博客，或者同行的博客，我们还可以写一些留言和评论。这样的话，别人就有可能通过我们留下的脚印，踩我们的博客。慢慢地，我们的人气就会高起来。

（3）将博客写手变成自己的推手

说到回帖，说到链接，大家应该听过一个词，叫做抢沙发。为什么有人愿意抢沙发，尤其愿意抢名人的沙发？因为名人名博的点击量很高，如果我们第一个给他留言，而且留言写得非常棒，就有可能将他的粉丝引到我们自己的博客上来。

当然，我们不一定非要抢沙发，沙发也不是那么好抢的。跟帖或者留言都可以。总之，我们一定要经常给别人留留言，写写评论，这样的话，就可以帮助你的博客进行推广。

二、成功开设博客，等于博客营销成功了一半

"良好的开端等于成功的一半"，做博客营销也是如此。如果我们的博客定位清晰，特色鲜明，就能给人以良好印象。一个良好的第一印象，往往决定着之后营销工作的成果。

1. 用关键词优化博客名称

博客命名很重要。一个旗帜鲜明的博客名字，能够帮助我们进行搜索引擎优化。

我们在设计博客的时候，可以把名字设计成我们选定的核心关键词或者长尾关键词。如果我们匹配了十个、一百个关键词怎么办？那就做十个、一百个博客，一个博客一个名字。

有些人则是建立独立的博客系统。现在，网上有很多免费的博客系统，我们可以把这些系统下载下来，直接做成小网站。然后，自己买个域名就好了。它的名字就是我们要优化的核心关键词。这种以关键词为名称的小网站的权重非常高。

另外，我们还可以在博客里直接添加关键词。对博客比较熟悉的人都知道，在发博客的时候，系统会让我们添加标签。那个标签就是博客里面的关键词。

这种用关键词优化博客名称的方式，对于搜索引擎优化的速度更快。只要有人在搜索引擎上搜索，就能进入我们的博客，看到我们的信息。

2. 做个"标题党"

好标题胜过千言万语。因此，我们在策划博客、写博文的时候，一定要把博文的标题做得炫一些，如图4-2所示。

案 例

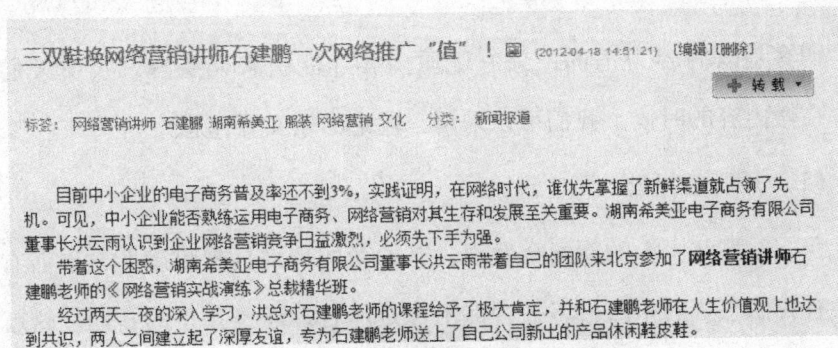

图4-2 三双鞋换一次网络营销推广

在上面的案例中，作者就很巧妙地运用了标题的作用。《三双鞋换网络营销讲师石建鹏一次网络推广"值"!》三双鞋就换一次网络推广，还有这样的好事儿？石建鹏是谁？这是怎么办到的？取得了什么样的效果？

先不管内容如何，这个标题是很吸引人的。

我们可以这样想，我们上网的时候是因为什么点击了一篇文章？一是标题，二是作者，三是图片。相比而言，标题所占的比重最大。

从这个角度来说，如果我们没有知名的作者，就要给博文添加一个有足够吸引力的标题。同时，为了进一步提升博客和博文的吸引力，我们还可以附加图片。当然，我们所加的图片要和文章有关联，不要随便放一张跟内容不符的图片。

3. 内容优质，才有人转载

博客是以内容为王的，只有优质内容才能引来回头客，吸引人们转载。在做内容的时候，我们可以采用三段论的软文写作思路。

（1）开篇谈背景

我们看那些网上的新闻会发现，有的新闻特别具有耐读性，里面有知识，有我们想要的东西，怎么看都不像是广告，而是真正的新闻。这就是他们的目的，他们就是要让我们看了这篇文章之后感觉它不像广告。那么博文的第一段我们可以写什么呢？我们可以描述这个行业的大背景或者大趋势，比如，中国互联网行业的发展历程、现状和趋势这样的宏观概念。

（2）中间侃专业

这部分内容一定要有价值，不是广告，而是知识。这样做的目的是要让那些真正阅读博文的人有收获。

（3）结尾聊现实

背景和趋势有了，专业知识有了，接下来就要回到现实。这里的回到现实，就是跟我们沾上边的内容，也就是我们要做广告的那部分。但是，这里的广告仍然不能是硬性的，而应是软性的。

比如，文章最后说"通过描述中国互联网这个行业的现状，网络营销实施专家石建鹏指出，目前电子商务企业竞争太厉害了，如果传统企业再进入电子商务领域的话，对于目前纯电子商务企业来说是一个巨大的竞争，有可能导致现有的电子商务企业直接倒闭。"这句话就是软性广告——说了半天，最后变成了宣传我自己的内容。

说完"网络营销实施专家"，我就要加超链接了。如果对方点击"网络营销实施专家"这个地方，网页就会链接到我的个人介绍页面，最好不要链到我的网站主页。我们的关键词超链接页面和关键词要有比较大的关联性，也就是说，我们要给客户以真诚的态度、真实的内容；否则，客户看了之后只能大呼上当。

4. 多回复，多顶帖，才能赚人气

博客里的殷勤待客，和生活中的礼尚往来是一样的。对于博友们，我们应该多回复，多顶帖。假设今天有十个博友踩了我们的博客，结果我们不管不问，以后可能他们就不来踩我们了。

我通过博客认识了好多人。我和一个深圳的培训师，是在 2005 年通过博客认识的，神聊了很长时间。后来，我有一次去深圳参加一个行业聚会，我们一见面没有一点陌生感，都感觉对方像是多年的老朋友一样，聊得特亲热。这种亲近感是怎么来的？就是因为我们在博客上神聊已久，我知道他所有的事情，他也知道我所有的事情。

由此可见，与博友之间多回复，多顶帖，在很大程度上能够加深你与其他博友之间的感情。不只是博友，如果我们的博客是用来与客户沟通的，也可以这么做。

5. 多开博客，多链接

前面我们说过，为了进行搜索引擎优化，我们可以做十个、一百个博客，这样可以增加潜在客户的数量。我要说的是，这十个、一百个博客应该在一百个热门博客平台上建立，而不是说在新浪平台开一百个。在新浪、搜狐、网易等门户网站上，我们只能每一个平台开一个博客。当然，博客的名字应该是一样的，就是我们要优化的关键词。这样的话，有人一搜索这个关键词，找到的将全是我们的信息。

当然，要做这么多的博客，不可能靠一个人的力量。没办法的话，就只能雇人去做。在做博客营销的时候，即便雇人去维护这么多博客，也不一定能维护得过来。

那么，该怎么做？要确定一个核心博客。我们开设的所有博客都要直接引向这个核心博客，或者是我们的官方网站。这就要求那些博客必须具备超链接功能，这样就可以把其他博客的流量，带到我们的官方博客或官方网站上来。这样也能够增加官方网站的权重。

此外，还要提个建议。我们首先要找行业门户网站开通博客，但是我们的主博客必须要开在大型门户网站上。我们可以用行业网站来做人气和互动，做关键词的优化。把主博客开在大型门户网站上，主要是因为这种网站用户流量比较大。

用行业网站优化关键词有什么优势？行业网站的针对性、关联度比较强。因为行业网站本身就会使用比较多的同类关键词，所使用的关键词密度也比较大。使用同样的关键词，搜索引擎优化的效果比较明显。

6. 互踩博客，提升流量

每个网站都有明星博客，明星博客的点击量很高。我们可以多踩这些明星博客，尤其是我们本行业的明星博客，并在这些明星博客上跟帖，这样就有可能将明星博客上的粉丝吸引过来，增加我们博客的粉丝量和浏览量。

现在线下的客户竞争比较激烈，很多公司都在抢占客户资源，因此找客户很难，而在网络上就比较容易了。在网络上，我们可以通过留言、评论、抢沙发等方式吸引对方粉丝的关注。

不过也有一些企业会担心：万一我开了博客，我的客户都来看我的博客，结果，我的竞争对手一看客户全在上面，他挨个给他们留言怎么办？我们千万不要有这种想法，这种想法本身就有问题。谁说这个客户就是我们的？比如我的培训课，他今天来上我的课，明天不是会照样上别人的课吗？他是我的客户，就不是别人的客户吗？最终这个客户属于谁，要看谁给他的服务让他满意。客户喜欢跟谁合作，最终的决定权在客户那里。

总之，对于博客，我们一定要多用，而且要在那些明星博客上做文章，久而久之，我们会从中体会到乐趣的。

7. 博客关键词优化要到位

前面我说过，要用关键词优化博客的名称，这是博客优化的第一步。不仅是名称，内文也需要进行关键词优化。

博文里应该怎么加关键词？一般来说，在博文的第一段和最后一段要加上关键词。具体来说，第一段的前20到30个字里要含有关键词，最后一段的最后20到30个字里面也要含有关键词。这个关键词通常是核心关键词。

我们应该放几次关键词，也就是这篇文章里面的关键词密度多高？尽量不要超五次，三次最好。比如，第一段可以加一次关键词，最后一段加两次关键词。

这三次加入关键词，我们可以采用两种方式：一种方式是使用同一个关键词进行优化。比如，我第一段的第一次优化关键词用"网络营销专家"，最后一段的两次同样用"网络营销专家"作为关键词，这样一来，一个关键词我就可以优化三次。第二种方式是三次优化使用三个不同的关键词。第一段使用的关键词是"网络营销专家"，最后一段使用的是"网络营销讲师"和"网络营销培训师"。

对于刚刚做博客营销的企业，我建议采用第一种方式，即只优化和使用一个关键词，在文章里面只出现两到三次就可以了。这样可以提高博客的权重。当我们的博客或者网站的权重高起来的时候，就可以在一篇文章中多优化几个关键词了。

当我们进行了优化之后，一篇文章的标题里有"网络营销专家"这个关键词，正文里面也有"网络营销专家"这个关键词，博客或者网站本身也有"网络营销专家"这个关键词，如图4-3所示。

图4-3 关键词优化

如果我们按照这样的方式写每一篇博文，只要一天一篇就行，不出半个月，博客的浏览量就能明显增加。不仅如此，博客在搜索引擎中的排名也会明显上升，即使不能百分之百在首页出现，前三页也一定会有。除非这个关键词在行业里的竞争已经激烈到了无以复加的地步。

三、如何让博客更具营销性

一个好博客如果没人看、没点击量，是很可惜的；一个营销型博客不能吸引客户、带来销量，就不能叫做营销型博客。博客要获利，这是对的，但也不要太狭隘了，不能百分百盯着"利"字，要看到博客带来的人脉，甚至是给我们带来的快乐。

1. 精准锁定读者群

做博客营销，首先我们要知道自己的读者是谁，也就是要明确自己的目标客户，要清楚我们要带给对方什么样的印象，要通过博客营销达成什么样的目的。

比如耐克，他们曾经为了塑造"追求速度艺术的专家"的品牌形象，撰写了十几篇文章，在一个探讨文化现象和政治理念的专业博客网站上，以"速度的艺术"为主题，制作了一个推广专题。虽然博客的访问量不高，每个月只有万人访问，但耐克更看重质量，而不是数量，他们说"我们选择了一个适当的群体去做宣传，因为看的人不仅有创造性，并且有着良好的社会关系，也许他们的人数并不多，但关键在于他们是一个非常有影响力的群体"。的确,通过这些意见领袖,他们的品牌形象能被很广泛地传播出去。

其次,要做好博客的定位。我们必须要有自己的主题,保证博客的专业性。作为营销型博客,最基本的前提是,博文要跟我们的企业、产品有一定的关联,不能什么都写,不能今天写一篇时事点评,明天写一篇电影观后感,后天写一篇研究网络营销的文章。这样的博客也许内容上够丰富,但是不容易形成稳定的读者群,自然也就不能形成稳定的客户群。

最后,要想在博客里成为名人,一定要够专业、够精准。比如我的博客,在我的博客中绝大多数的内容都是与网络营销的现状与实施相关的内容。那些与网络营销领域完全无关的内容,我很少涉及。

所以,我提醒大家,在做营销型博客的时候,一定不要把各种各样的信息都放到博客上去,显得自己"十八般武艺样样精通",那样反而会失去了我们的专业性。

2. 会讲故事的博客

博客营销,当然是以营销为根本目的的。要让我们的博客充满营销力,先得让博客有足够的人气。有特色、有创意的博客,才能达到这个效果。

有时候博客是官方的,开通的目的是传播公司文化,推广公司品牌,更好地为公司的管理和销售服务。但是,博客的内容千万不要满篇全是公司介绍、产品简介和专业知识,那样太枯燥,让人读起来会打瞌睡,肯定起不到营销的作用。

博客的内容最好对大家来说是有用的。很多时候,人们经常看某一个博客的主要原因是,博客的内容对他们的日常工作和生活有一定的帮助。

人们喜欢有意思的东西，但如果我们不是专业的，他们不会仅仅因为好玩而重新访问我们的博客。

我们要学会把客户和潜在客户想知道的事情，还有我们想让客户知道的事情，都写成文章，让他们在读博文时，既能够通过有趣的内容对我们和产品有一个大概的了解，又能够通过有创意的表达方式，加深对我们的印象。

因此，我们要学会讲故事，无论是企业的建立，还是产品的开发，都可以用讲故事的方式表达出来。通过讲故事的方式，就可以让产品自己说话，吸引大家关注。

如何才能把故事讲好？将行业和社会上的热点为我所用，或者可以自己提出热点，或者通过行业之间的比较，显示自己的优势。博客要从不同的角度和层次来展现产品，赋予产品生命。为了达到这个目的，我们可以进行适当的演绎。比如，我们可以创作一个童话，可以搞一个无厘头的段子，或者可以用拟人的方式来进行说明。总之，在写法和内容上越有创意，越能够让看博客的人耳目一新，就越能够加深别人对我们的印象。

如果我们的产品是新产品，我们的行业是新兴行业，不为大众熟知，那么仅仅发表一篇博文是不能起到立竿见影的效果的。我们可以把博客做成"电视连续剧"，有故事，有情节，有高潮，这样的博文会产生持久的影响力。

3. 软文字，软链接，强过硬广告

我一直强调要为关键词加上超链接，通过关键词将博客链接到我们的网站。因为我们最终要推广的肯定是我们的网站。

但是要注意，这个关键词链接一定要软性。有的时候我们会发现，有些人在网络上发文的时候会突然把其中的几个字变一下字体、字号，把链接做得特明显，让人一看就知道那是广告。这种链接是硬性链接。

什么叫软性链接？比如，我在发博文的时候会说"网络营销专家石建鹏指出"，然后在"网络营销专家"这几个字上加一个超链接，如图4-4所示。这个超链接的表现方式可以是在字上变个颜色，或者加粗，或者加上下划线。这种通过第三方角度变相描述的方式，就属于软性链接。通常，我们在浏览网页的时候，对于那种带颜色或者下划线的文字会比较关注一些，可能不经意间就会点击浏览一下。

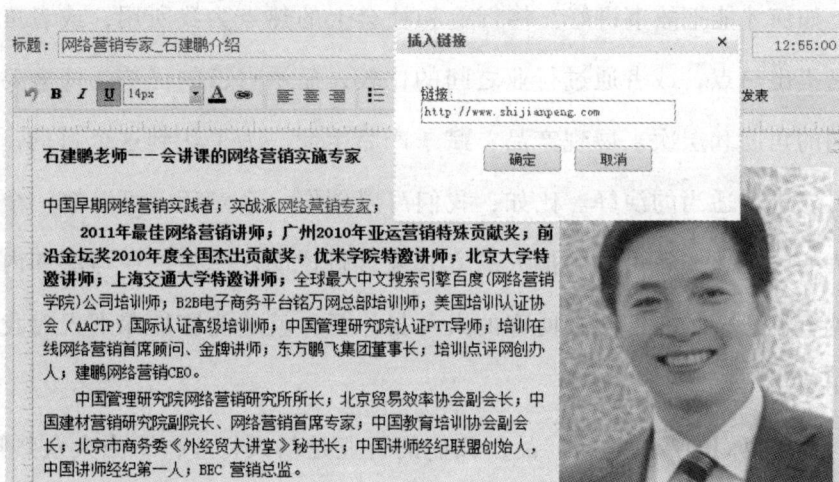

图4-4 添加超链接

当然，有时候我们也可以在博客里做一些硬广告。比如，我们可以直接说"您要想了解详细产品可以点击下面的超链接"，或者"要想购买我们的产品可以拨打下面的电话"。但是，不能每篇文章都这么写，要尽量减少这种广告性太浓的文章。

4．无欺骗，不炒作，塑造真实的博客形象

博客营销是一种口碑营销。有些人在做博客的时候会一味地追求点击量、点击率。还有些人会通过点击诈骗和虚假回复，来制造本来并不存在的高关注度。甚至有人还会雇佣一帮"水军"，自己刷点击和评论，文章所有的点击、评论和转帖都几乎在同一个时间段进行，做假痕迹非常明显。

这些都是陷阱。这种操作带来的影响力是假的，这种影响力不能转化为营销力。久而久之，这会成为口碑营销的一颗定时炸弹。现在大家对这些方式都已经很熟悉，大多一笑了之。

与欺骗行为类似的，还有炒作，尤其是不良炒作。很多时候，炒作和营销很容易混淆。营销方式不当，就会变成炒作。对此，我们一定要注意，网络营销有起码的操作限制。我们可以做口碑，但是不能杜撰、造假，如果炒作炒过了头，最终一定会产生反作用，影响我们的形象和声誉。不要低估网民的智力和鉴别力，不要总是想着走捷径，想着通过操作后台、大量灌水，使用不诚实的手段愚弄网民。

现在，不管是线下，还是线上，大家都在讲诚信。不欺骗，不炒作，就是让我们的博客更真实、更可信的底线。

5．与博友互动，赢客户口碑

在博客营销中，我们要懂得广结善缘。博客的最大特点之一就是交互性。如果我们只是为了写而写，大可不必发表到网上去，写在笔记本里就好了。这跟登台表演一样，如果没有观众的参与，不跟观众互动，表演就没有意义了。

博客，尤其是营销型博客，实际上不是写给自己看的，而是写给别人看的，是用来吸引客户的。博客功能的最大体现就是博主与博友的互动，通过互动凝聚人气，提升知名度。

（1）留评论

写评论是博客互动的最常见方式。评论的质量如何在其次，主要是能够和博主互动、互踩，这样就能在一定程度上为我们自己的博客吸引粉丝。而且，留评论也是对博主写作的一种尊重。

写评论的时候，要把评论当成博文一样去写，一般来说要有话则长，无话则短，有什么就说什么，只要将真情实感表达清楚了就可以。

（2）不争论

作为营销之用的博客，绝对不能陷入口水战。现在大家都在讲和谐社会，网络也要讲和谐。博客营销是要做营销推广的。不管是留言，还是回复别人，都不需要尖酸刻薄，妄加指责。针尖对麦芒地争论，不仅不能帮助我们树立形象，反而会让双方气上加气。

（3）要交互

与博友的互动不仅仅是写评论、回复留言，还有其他很多事情可做。比如，如果我们对博友的某一篇精彩博文比较推崇，完全可以在推荐的地方投一票，以表示我们欣赏的态度；或者，如果对某位博友，尤其是名博的某篇博文比较"来电"，可以就此写一篇博客文章，充分发表自己的观点。

6. 多做宣传，多做推广

我们开了博客，写了博客，但是粉丝不会直接从天而降。我们需要进行宣传和推广，增加博客的热度。

　　博客的宣传和推广有很多方式。我们可以借助一些名博。所谓"大树底下好乘凉"，如果我们能够跟名博挂上钩，说不定粉丝就会"犹如长江之水，滔滔不绝"。

　　我们还可以加入博客圈子和 QQ 群等圈子。多加入这样的圈子，也会给我们的博客带来巨大的流量。

　　博客有一个友情链接功能。为博客添加友情链接，在网络上为博客多开几扇门，也是增加粉丝和流量的一种方法。

　　邮件也是推广博客的一种方式。在邮件里，我们可以在签名的地方加上博客地址。当然，这只需要我们顺带提一下就好了，不用专门去跟对方说。通常加博客地址，比加公司官网的效果要好。因为博客是一种人性化的沟通方式，而网站是纯商业的，显得有些冷血，别人一看就知道是广告，是在卖东西。因为，网站就是为了卖东西而建立的。

第五章

微博营销

一、微博真的很管用

可以肯定的是，微博已经深入中国的互联网市场，而且正在成为企业集成全国信息、增加用户与企业联系的营销利器。我们应该从微博中找到一个突破口，利用微博推广企业，提升企业的网络知名度。

1. 微博绝对不是博客的"迷你版"

现在国内有四大知名网站微博，即腾讯微博、新浪微博、搜狐微博和网易微博。其他一些网站也有自己的微博平台，比如和讯微博、天涯微博等。

在功能上，微博和博客有些相似。不过，两者有着很大的区别。微博绝对不是博客的"迷你版"，可以说是"青出于蓝"。

（1）表现形式不同

微博和博客最明显的差别是表现形式不同。微博一般最多只能发140个字，可以添加插图。而博客可以发表长篇大论，插图不是以附件的形式，而是插入到文字中间的。

一般来说，微博的内容、插图和视频，偏向于趣味性，要耐读、耐看，才会有更多的人转播、评论。而博文的内容一般比较严谨，要求更有价值。

（2）信息源不同

微博的内容短小精炼，重点在于表达发生了什么有趣的事情，而不在于系统的、严肃的产品介绍。

博客营销以博客文章的价值为基础，并且以个人观点表达为主要模式。每篇博客文章会表现为独立的一个网页，因此对内容的数量和质量有一定的要求，这也可以说是博客的一个瓶颈。

（3）传播模式不同

微博非常重视时效性，基本上是过期不候的，不要说一个月前发布的信息，即便是三天前发布的信息都可能很少再有人问津。甚至已经出现了微博"黄金3分钟"以及"黄金5分钟"的论调，是说如果微博上发生危机，3分钟之内必须马上处理，否则局势将无法控制；如果发布一条微博，5分钟之内没有得到关注，那么它将从此被湮没。这虽然有些夸张，但足以说明在全民微博的时代，时效是多么重要。微博的传播渠道除了相互关注的粉丝、听众，还可以通过非粉丝、非听众的转发向更多的人群传播，因此微博是一种快速传播信息的方式。

而博客就不一样了，它对时效性的要求不高。网友们可以直接进入我们的博客，持续浏览我们发布的所有文章。因此，博客可以获得多个渠道用户的长期关注。

（4）用户获取信息方式不同

基本上，我们写博客必须借助电脑，没有电脑，博客可能就玩不转了。

微博用户则可以利用电脑、手机等多种终端发布和获取信息，充分开发了零碎时间的集合价值。通过手机等终端，我们获取和发布微博信息更加方便，和网友们沟通也比较方便。

（5）搜索引擎优化效果不同

微博的更新速度很快，但是在搜索引擎里很少能够搜索到，最多能够搜索到微博的名字。博客则可以进行搜索引擎优化，只要我们发上去了，就能长期有效，而且可以进行进一步的优化。这也是微博和博客的最大区别。

2. 开微博对公司的价值巨大

美国学者汤姆·海斯和迈克尔·马隆提出了一个"湿营销"理论。"湿营销"指的是通过网络进行的温和的营销方式。微博，本身具有一定的"湿"性，在营销过程中，企业往往是通过言行引导用户，与用户进行深度对话，而不是把信息硬塞给用户们。用户也不是被动地接受，其参与程度很高。

随着时间的推移，微博也已经进入到了商业化时代。诸多企业已经开始借助微博的力量，进行微博营销，开展公关塑造和对话客户的一系列商业活动。之所以如此，是因为微博对于企业而言有着巨大的市场价值。

（1）在线交流

以前，企业和客户的交流都只限于邮件、电话和登门等形式，显得有些滞后，而且常常有久拖未决的现象出现。其实，不仅客户在有了问题的时候需要跟企业要个说法，企业也特别想知道这些"上帝"们在想什么，需要什么，对自己是不是满意。通过微博，企业和客户能够直接对话，客户有什么问题可以在线咨询，企业也能够及时获取第一手资料。

（2）24 小时营销

微博是全天候的营销工具。商场、超市播放完萨克斯曲《回家》的时候，微博里可能正是热火朝天的。就算到了后半夜，微博也不会上床休息。

可以说，微博是适用于任何时间、任何场所的营销利器。微博在很大程度上简化了营销过程,如果有新的产品,随时都可以把信息放到微博上,而感兴趣的网友们,只要在微博上一搜,就能找到我们发布的信息。这样,我们的营销工作就轻而易举地完成了。

(3) 品牌宣传

对企业来说,能不能成功地建立品牌,关系到企业的生死存亡。像苹果那样仅凭着两三个伟大的产品就能成功的企业,属于少数派。当然,苹果也是有品牌的。绝大多数企业都没有苹果那样的竞争力,仍然需要争取在竞争中脱颖而出。因此,我们需要建立自己的品牌影响力。

但是,品牌是不会自己站出来说话的。我们要宣传,要推广,才能让人们知道有这个品牌。我们在微博里多和客户交流一次,就等于多向大众建立了一点品牌形象。这时候,微博就起到了发言人和代言人的作用。

二、打造实用的营销型微博

微博就是我们的门面,就是我们的形象,就是我们的新闻发言人。我们要精心打造一个有特色、有个性、有吸引力的展示平台,在创造高转播率的同时,提升品牌的知名度和影响力。

1. 有头像,有真相

在开设微博之前,在做微博营销之前,最重要的是什么? 是头像。

大家都知道,开公司要做企业形象,要做 LOGO。开微博也要做微博形象,就是我们在微博上要给别人什么样的感觉。

营销型微博的头像设计成什么样的，要看我们的微博定位。如果微博是官方的，那必须用代表官方形象的 LOGO 作为头像。如果微博是个人的，比如企业领导，他本身就有个人形象或者社会号召力，那就要用个人形象。

总之，我们做微博的前提，首先要考虑微博的头像是否符合我们的身份，这也是包装自己的一种方式。

2. 选择皮肤，用色彩激发人的兴趣

设置好了头像，接下来要做的是设定微博的皮肤。

从色彩学的角度来说，什么颜色更容易激发人的兴趣？黄色与红色，这两种颜色都属于暖色调。颜色可以带动我们微博的转发，因为颜色在一定程度上能够对人的心理起到一种暗示作用。我建议刚开始做微博的时候，大家还是应该多采用一些暖色调，比如红色或者黄色。

蓝色、黑色等颜色也会有人用，只是这些颜色有点冷，会在一定程度上降低人的兴趣。当然，如果我们现在在微博平台上的名气已经上来了，甚至已经成了一个名人，也可以用蓝色、黑色等其他颜色，这样可以让人感觉你沉稳、有深度。

3. 一要实名，二要加"V"

现在，实名制已经成了一个常见词汇。对于网络营销来说，实名制也是非常重要的营销手段。

以前，大家总喜欢给自己取网名，而且大多是长长的一串。如果想在微博上@他，就要把他的微博名字写上，名字太长太罗嗦，很难让人记住。如果名字很短，就很容易被记住。比如我的微博，用的就是自己的名

字"石建鹏",就是希望大家很容易就能记住我。

作为企业老板,可以直接做自己的实名微博,因为老板本身就代表了公司。如果是公司微博,直接用公司的名称就可以。

我们去看微博上的那些名人、名企,大多数都经过了认证,也就是都加了"V"。对于加"V"的微博,很多人从心理上比较容易接受,觉得这些博主们是真实的,值得信赖。而且,这些博主们的粉丝数量相对来说也比较多。

当然,我不是说让大家一定要在微博上实名和加"V",这要看具体情况和实际需要。比如"天后"王菲的微博既不是实名的,也没有加"V"。不过我们企业的知名度和影响力和这种人比起来要差得多,对我们来说,实名和加"V"还是挺重要的形象工程。

4. 签名要简短而有特色

如果说微博的名字是用来让人记住的,那么签名就是用来让人了解的。我们去那些知名微博看一下,基本上所有的微博都会有一个简短的个人介绍。内容主要是个人的行业、职业、经历,以及个人联系方式等。

比如,我的新浪微博的签名是这样写的:"会讲课的网络营销实施专家,中管院网络营销研究所长,广州 2010 年亚运营销特殊贡献奖,北京大学、清华大学、上海交大特邀讲师,www.shijianpeng.com"。在最后,我还列上了我的网址,如图 5-1 所示。

我们再来看看雷军的新浪微博签名:"小米创始人,以前曾参与创办金山软件和卓越网,业余爱好是天使投资"。在后面还写上了他的米聊号。

雷军的签名里既有广告,又有直接的描述性语言。我的签名就比较商业一点,一看就是广告。这两种风格各有不同的优势。

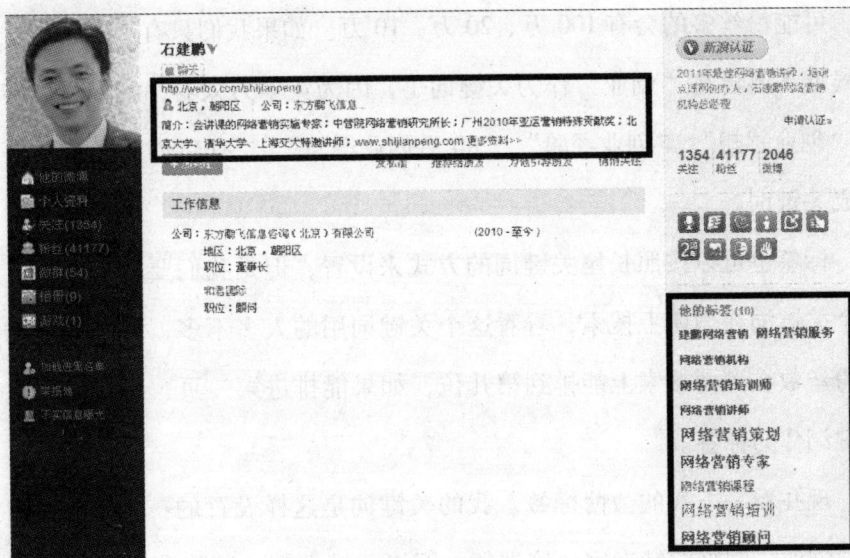

图 5 - 1 微博签名与标签

总的来说，我们在设计签名的时候，一定要本着一条原则：让人一看就知道我们是做什么的。因为大家在网上看别人微博的时候，一般都会习惯性地看看那个人是做什么的。直截了当告诉对方我们是做什么的，比含糊其辞更能吸引对方关注我们。

5．特别的标签，表示特别的你

标签就是微博的关键词。微博上也有搜索引擎，因此我们也需要进行关键词优化。通常我们在微博上，会按照微博的用户、标签、内容等方面进行搜索。因此，微博的标签设置也很重要。

讲关键词的时候，我们详细讲述了该如何进行优化。在微博上设计标签的时候，也应该遵循一样的规律。

在微博上，有些泛关键词竞争得很激烈。它们在微博上是按照粉丝数的多少进行排名的。比如，我搜索"创业"，会看到有很多人在用这个标签，可能粉丝多的会有 100 万、20 万、10 万。如果我们只有 1 万粉丝，这时候就不要再将"创业"作为关键词了，因为竞争力太弱，我们可以转而将"创业感想"、"创业经验"、"80 后创业经验"、"90 后创业经验"等设置成关键词。

标签也可以按照长尾关键词的方式来设置，但是我们要提前测试。用这个关键词在微博上搜索，看看这个关键词用的人多不多，看看我们的微博粉丝数在微博搜索上能排到第几位，如果能排进第一页，就可以用这个关键词作为标签。

现在看一下我的微博标签。我的关键词是这样设置的："网络营销策划，创业，网络营销专家，培训师，网络营销课程，网络营销培训，培训点评，网络营销顾问，网络推广，网络营销"。

设置标签的时候，我们要根据自己的情况来挑选长尾关键词。在具体操作上也没有多难，只要在微博里查询和测试一下就知道了。搜索完后，我们要看他的粉丝量。如果发现使用这个关键词的微博粉丝量太高或者太低，我们都有机会。太高，我们可以避开这个关键词；太低，我们就可以使用这个关键词。这样可以快速提升网站对微博在搜索结果中的排名。

6. 不能创造话题，也要参与话题

在微博上可以制造话题。怎么制造？举例来说，如果要把"网络营销实战演练"作为一个话题，只要在"网络营销实战演练"两边加上"#"号就可以了。剩下的，就需要靠进一步炒作了。通过微博炒作的事例有很多，下面举例说明，如图 5 - 2 所示。

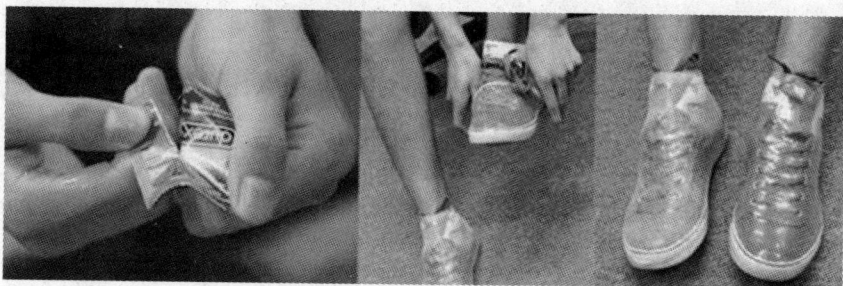

图 5 - 2 有杜蕾斯回家不湿鞋

案 例

2011 年 6 月 23 日，北京下了一场瓢泼大雨。各大微博网站都开了北京下大雨、积水潭积水等话题。但是当天，占据微博"头版头条"的却是一则跟下雨没有直接关系的话题。

当日 17 点 58 分，账号为@地空导弹的博主发了一条微博："北京今日暴雨，幸亏包里还有两只杜蕾斯。"不仅如此，他还附了鞋上套了杜蕾斯的图片。不久，这条微博被频繁转播，成了当天新浪微博话题的第一名。不只是他的粉丝，一些名人也参与到了这次转播中。杜蕾斯的官方微博也以"粉丝油菜花啊！大家赶紧学起来!! 有杜蕾斯回家不湿鞋"为评论进行转发。

第二天，凡客诚品和杜蕾斯联手，推出了杜蕾斯与鞋的套装，并开展了团购活动，结果收到了非常不错的效果。淘宝商城也很好地把握了这次机会，把凡客鞋和杜蕾斯打包，买鞋送杜蕾斯，卖得也非常火。

事后，人们了解到，这是杜蕾斯策划的一次活动，后来杜蕾斯还借此机会推出了新款产品。毫无疑问，杜蕾斯炮制出来的这个话题，不管是在网络上，还是在线下都是非常成功的。我们再来看凡客和淘宝，他们虽然没有在微博上借助这个话题，却在他们自己的商城里借了杜蕾斯话题的势，同样为自己做了一次成功的宣传。

如果我们不能像杜蕾斯一样创造话题，也可以像凡客一样在微博上参与话题，为我所用。微博里经常会有一些热门话题，那些热门话题我们要经常看一看，参与一下，转载一下。利用得好，这也可以为我们带来粉丝，带来流量。

在微博里偶尔也会有与我们的行业相关的热门话题，我们也应该参与一下，参与这种话题对我们来说是有用的。除了那种社会性话题之外，我们所关注和参与的话题，最好都能够跟我们所在的行业相关。

三、如何让微博变成摇钱树

我们一定不要小瞧微博的"微"影响力。微博看上去很简单，但是如果企业懂得策划，认真对待，微博就能变成一棵摇钱树。

1. 不要四处撒网，锁定一个即可

在微博如火如荼的时候，我看到，有些人在很多网站都开了微博，网易有，搜狐有，新浪有，天涯也有。这样做有用吗？有一些用。这就像打渔一样，总觉得只要广撒网，就能多捞鱼。这靠的是概率，不是准确率。

其实，我们完全不需要四处撒网，到处开微博。只要找到最适合我们的网站开一个能准确锁定目标群的微博就可以了。因为，不是所有的微博平台都适合我们所在的行业。不仅"男怕选错行"，做微博营销如果选错了平台，就像打渔把船开进了死海一样，不会有什么收获。而且，即便我们开了那么多的微博，企业也未必有那么多人去维护。微博是讲互动的，如果不能随时互动，微博就失去了沟通和交流的价值。

不过，这也不是绝对的。如果我们所做的行业在几个大型门户网站都有着巨大的潜在客户市场，或者我们的知名度不够，希望借助网络平台的力量，也可以遍地撒种子，让微博处处开遍。

2．链接到自己的博客或网站

基本上，在任何一个开通了微博平台的网站，都有博客平台。这没有什么别的原因，只是因为博客诞生的比微博早，而且曾经红极一时。

我建议大家，不要只做微博，博客也不能落下。不仅如此，最好能够在博客上链接到微博，在微博上也要能够链接到博客。

比如，新浪微博和新浪博客就能互相链接。在新浪微博"工具设置"的"微博小工具"中有一个"博客挂件"，可以展示最新的 15 条微博，还可以直接在挂件里写微博。而在"社区绑定"中，我们可以直接将新浪微博和新浪博客绑定。

有些微博还有同步功能，也就是将我们发布的微博直接变成博文，在发微博的同时，也发博客。如果我们想做广告，也可以在签名的地方写上企业官网的网址。

3．用个性提升黏性

一个成功的微博营销平台，一定要具有鲜明的个性，这样才更容易保持营销的持续性。

内容、个性和坚持是影响企业微博营销是否成功的三个因素。内容非常重要。为什么李开复的微博粉丝那么多？因为他经常跟大家分享他的感悟、体会，让大家觉得这个人距离自己很近，没有陌生感。如果微博不坚持下去，半途而废，积累起来的客户资源就会被别人抢走。

另外，没有人喜欢看单纯的广告。大家都希望看到有生活味、有人情味或者有幽默感的内容，这些都可以算做是个性。如果微博缺少了这一点，就相当于炒菜没有放盐，味同嚼蜡。

案 例

2011 年 5 月 16 日深夜，知名投资人王功权在微博上发表了一篇《私奔之歌》，随后"与人私奔"。这一高调举动引发网友热议。随即，"私奔"一词成为一句新的网络流行语，大家纷纷用"私奔"一词造句。后来还有人写了一篇名为《盘点十大 520 私奔圣地》的帖子。

"516 私奔"事件之后，接下来正赶上"519 中国旅游日"和"520 天台山旅游日"，此时，作为中国旅游日发源地的天台山正在双节同庆，举办主题为"读万卷书，行万里路"的重走霞客路活动。新浪@520 私奔微博借机推出"私奔天台山宣言"活动，让网友结合私奔的热点尽情发挥："520 私奔：#私奔天台山宣言#王功权和王琴私奔了，奥特曼和 PP 猪私奔了，中国旅游日源自天台山，天台山 5 月 18 日到 20 日 3 天免费迎客，一起组团私奔到天台山吧！佛国仙山，私奔好去处，转发本微博 +#私奔天台山宣言# + 发表私奔宣言，逢含 516、519、520 的楼层（如 1516、1519 等），即送 pp 猪漫画 1 套，just 奔 it！"

简短的几句话就激起了网友的兴趣。网友们纷纷转发微博、发表宣言："一切皆可私奔""我爱你，爱着你，就像私私爱奔奔""私奔是大奔的兄弟""别和我谈恋爱，有本事和我私奔""万水千山总是情，跟我私奔行不行"。短短几天，网友关注、转发、评论达 5000 余次。感兴趣的网友们加入天台私奔群详细询问，聊得不亦乐乎！

在网络世界里，"一切皆有可能"，连"私奔"都可能成为娱乐和营销的热点。天台山私奔营销活动受到了网络媒体、网友以及平面媒体的高度关注，大家纷纷跟进和报道，天台山也借此打响了中国旅游日的名片。天台山的私奔造句活动，绝对算得上一次非常成功的微博营销，也为旅游开发提供了新思路。

为什么这种个性化的微博会受欢迎？因为不仅我们每个人都有自己的个性，大家普遍也都喜欢有个性的东西，在微博上这种对个性的追求更加明显。

现在玩微博的人以 80 后、90 后居多，他们年轻，学历高，对于个性化的东西比较推崇。因此，要想让这些人关注我们的微博，一定要显示出自己的个性和风格来。

4. 用团队的方式发微博

做微博营销一定要团队协作。谈到团队协作，我在培训课上曾经这样跟大家说："在座的各位，我们大家是一个团队，既然坐到一起，就不能浪费这个资源。大家可以把一个话题相互转发，相互@，你@我，我@你。"

我这样说是想告诉大家，做微博营销不能单靠一个人的力量，除非这个人本身就拥有百万、千万粉丝。不过，我这里所说的团队协作，更多指的是时间上的协作。

团队协作首先要组建一个专门团队，然后对团队成员按时间段分配工作。比如，第一个人负责上午 8 点到 9 点，第二个人负责上午 11 点到中午 12 点，第三个人负责下午 13 点到 14 点，第四个人负责下午 16 点到 17 点。这只是举例，我们可以根据具体情况安排人员和时间。可以两个人值班，也可以三个人或四个人，具体要看团队的人员配备。这样做的目的是保证无漏洞、无死角、无断档。

在内容上，大家也可以进行分工协作。比如，有人负责网络营销大环境的介绍，有人负责网络营销的案例和实施方法等。不能让一个人做全部内容，一个人做不了那么全面，做出来的话题可能会因为没有深度，比较粗糙，而不吸引人。协同作战，就能够有效解决这个问题。

协同作战往往是多个人同时管一个微博，这些人同时还要打理自己的微博。其实这就相当于多做点马甲，然后去转发微博。这样做是要求团队中的这几个人相互@，互动起来。

微博不能为了发而发，一定要和别人互动。这是开微博最重要的事情。我们不能一味地发，等别人来找我们互动。只有主动与别人交流互动，才会引起别人的关注。

5. 有计划地发布微博

微博的发布也是有一定规则的，不是说我们什么时间发都会见到效果。我们要研究微博用户们的使用习惯，并据此制订一份微博发布计划。否则，即便我们发得再多，也只是浪费时间罢了。

（1）了解用户的登录情况

我们在做微博营销的时候，首先要了解，不同网站微博的活跃周期，也就是用微博的人在哪个时间段用得最多，如图 5－3 所示。只有了解大家的使用习惯，才能引发他们转播、转载。

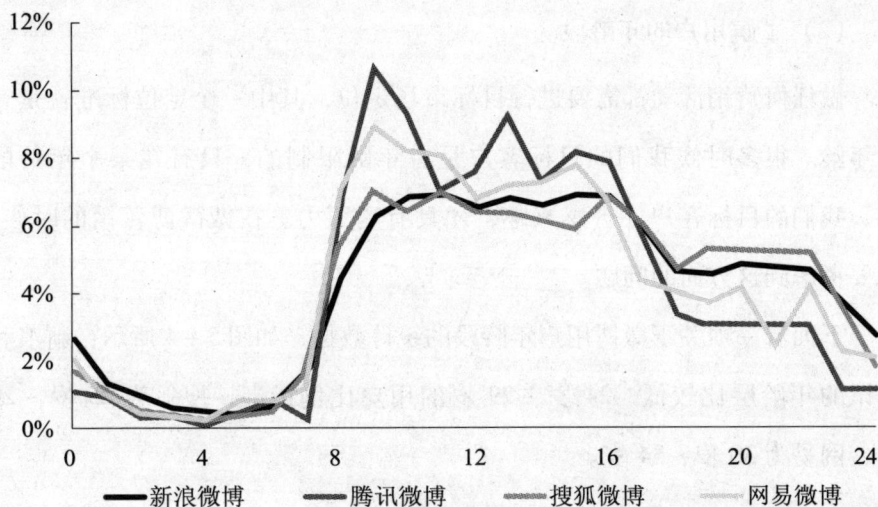

图5-3 主要微博网站用户时段分布情况（注：该资料引自易观国际）

　　举腾讯和新浪两个微博为例来说明。先来看腾讯微博。腾讯微博使用最主要的时间段是早上8点到中午12点，高峰是在上午9点。上午9点左右正是很多公司刚刚上班的时间。为什么这个时候是高峰期？因为很多人上班第一件事不是工作，而是打开QQ。他们已经形成了习惯，感觉如果上班不打开QQ，就像没上班一样。另外，腾讯微博和QQ是绑定的，当人们登录QQ，在个性签名的地方写下当天心情的时候，所写的内容会自动转为微博。

　　再看新浪。新浪微博的使用时间分布，整体上比较平均，从早上8点到下午16点，基本上都保持在一条线上。尽管在中午之后，使用量就一直降，但还是会持续到晚上22点左右，直到凌晨的时候还会出现一个小高峰。出现这种情况，和新浪微博的博主类型有关系。在新浪微博里，企业老总、学者等相对多一些，这些人白天顾不上写微博，只有在晚上的时候才会出现在微博上。所以，那段时间虽然人少，但质量很高。如果我们在那个时候跟这些人保持互动，会比较容易受到他们的关注。

（2）了解用户的年龄段

做任何营销活动都需要进行目标市场定位，其中一个定位标准就是客户年龄。很多时候我们的目标客户是有年龄限制的，只有在某个年龄段内，我们的目标客户才会感兴趣，才具有购买力。在做微博营销的时候，也要考虑到这方面的问题。

下面看一项关于微博用户年龄段的统计数据，如图 5-4 所示：新浪和腾讯的年龄层比较低，24 岁~29 岁的用户比例最高，搜狐为 25 岁~29 岁，网易为 30 岁~34 岁。

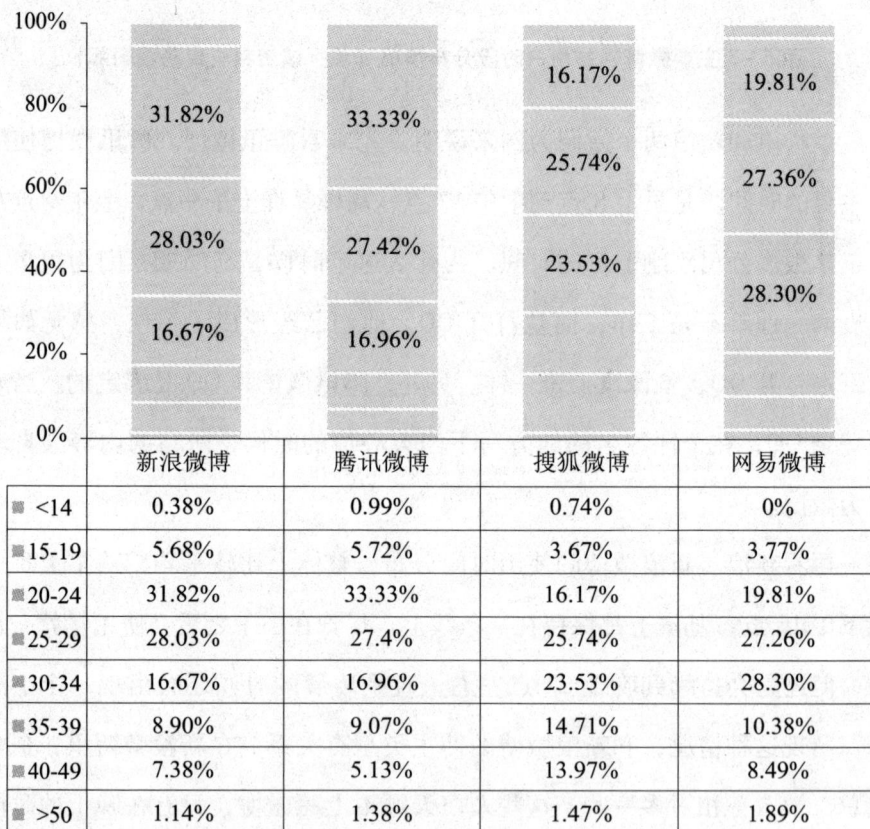

	新浪微博	腾讯微博	搜狐微博	网易微博
<14	0.38%	0.99%	0.74%	0%
15-19	5.68%	5.72%	3.67%	3.77%
20-24	31.82%	33.33%	16.17%	19.81%
25-29	28.03%	27.4%	25.74%	27.26%
30-34	16.67%	16.96%	23.53%	28.30%
35-39	8.90%	9.07%	14.71%	10.38%
40-49	7.38%	5.13%	13.97%	8.49%
>50	1.14%	1.38%	1.47%	1.89%

图 5-4　微博网站用户年龄分布情况（注：该资料引自易观国际）

对各大网站的用户年龄有了大致了解后，我们就要看哪个网站的微博用户和我们的目标客户能够对接。当然，年龄段只能作为微博营销的参考之一，我们还要看网民基数。也许在某个年龄段，某一个微博的比例最高，但如果最终的基数并不高，那么，还是不能把它作为微博发布的主阵地。

（3）按计划发布微博

具体来说，我们该在什么时间段发微博？该发多少条微博？表5-1列出了微博发布的频率与时间，可供参考。

表5-1　微博发布频率与时间

发布阶段	周一至周五	周末	重点发布时间段
发布时间	8：30～9：00 10：00～10：30 11：30～12：30 14：30～15：30 16：30～18：00 20：00～21：00	9：00～9：30 11：00～12：00 14：00～16：00 18：00～19：00 21：00～22：00	9：00～10：00 16：00～18：00 22：00～23：00
发布要求	不少于7条	不能少于6条	

从日期上来说，周一到周五发的微博数量不能少于7条，周六、周日不能少于6条。从每天的时间段来说，上午9点到10点，下午16点到18点，晚上22点到23点，这三个时间段，都是我们要重点进行推广的时段。

在这三个时间段，除了团队中的人要参与，公司的老总也要参与进来。如果我们的微博在这些时段比较容易形成转发，对我们来说，就是跟粉丝和目标客户进行最直接的互动。

6. 企业微博一定个人化

我发现一个很有意思的现象：企业官方微博的粉丝数远远低于企业家

的个人微博。比如，优米网的腾讯微博粉丝数为 11 万多，王利芬的个人微博粉丝数为 151 万多；阿里巴巴的腾讯微博粉丝数为 11 万多，马云的个人微博粉丝数为 666 万多；匹克的新浪微博粉丝数为 11 万多，许志华的个人微博粉丝数为 155 万多；创新工场在任何微博平台都没有官方微博，李开复的新浪个人微博粉丝数为 1632 万多，腾讯个人微博粉丝数为 2344 万多。

类似现象在微博里很常见，并不只是发生在这几个人身上。为什么企业官方微博的粉丝数会远远低于企业家的个人微博？

我认同一个观点：营销未必一定要以营销为目的，不以营销为目的的营销，才是最厉害、最能实现最终价值的营销。企业官方微博作为对外推广的平台，说的每一句话都可能有"打官腔"的成分，让人觉得是赤裸裸的广告，可能满足不了大众的口味。企业家的微博正相反，由于其所具有的个人化和个性化，反而成了企业形象的代表，成了企业微博营销的主阵地。

通过个人微博做企业营销，相当于是在和博友做朋友，这绝对比做老板好。做朋友，和博友之间的关系比较亲近，博友们对企业不会有那么强烈的戒备心。而做老板，相当于在企业和博友之间拉开一道鸿沟，微博营销自然就不会收到特别好的效果。

比如，在许志华的微博中，更多是在表现自己的生活状态和对社会热点的关注。在李开复的微博中，更多是在分享他的思想，有学业方面的，也有商业方面的，甚至包括平时读的一本好书。

企业家们这种看似漫无目的地发微博、和粉丝互动的背后，其实贯穿的就是对企业品牌的宣传和推广，只是方式更加人性化而已。和粉丝做朋友，不做老板，让企业微博更像个人微博，淡化企业色彩，将感情因素植入微博内容，能够更好地和粉丝们沟通，微博营销更容易成功。

第六章

软文营销

一、新闻营销：与媒体战略合作，主动引导舆论

随着台式机、笔记本、平板电脑，甚至包括智能手机在内的各种各样网络终端的普及，人们看新闻的方式有了很大改变。电视机、收音机、报纸等传统媒体已经不再是获取新闻的唯一途径。这就为网络营销提供了一个渠道——新闻营销。我们完全可以利用有价值的新闻来制造话题，吸引社会公众的注意，提高企业知名度，塑造企业良好形象，最终促进销售。

1. 重视网络新闻的强大影响力

一条热门的网络新闻，差不多能够引爆整个网络。它能够凭借平台的实力、网络的传播力和互动性，引导社会舆论，引导消费时尚。网络新闻可以说是让企业更广泛、更有效地传递信息的绝佳方式。

网络新闻对大众有强大的影响力。它既有官方的一面，内容比较正统，同时，还有传统新闻不具备的特质，在传播方式上有创新。它会让人们在不知不觉中接受信息的同时，达到宣传和推广的目的。

（1）网络新闻具有强大的公信力

平时上网的时候，我经常到那些知名的门户网站看新闻，因为这些网站注重口碑，基本上不会提供虚假新闻。

网络新闻的公信力来自于网络平台的公信力。新华网、人民网、新浪、搜狐、网易等网络新闻平台的公信力是在长期发展中积累起来的，在

网络上有比较高的权威性和信誉度。

真实、客观地报道新闻，是新闻公信力的必备条件。像《人民日报》，从来不刊登不良广告。他们这样做，一是要对广大读者负责，二是要避免这种不良信息影响自身的品牌形象。

（2）网络新闻具有猛烈的传播力

在"神九"发射当天，新浪网制作的专题页浏览量超过当天所有报纸读者的总和。在这次新闻报道中，这个专题页综合了文字、图片、视频等多种传播手段，不仅有平面的，还有 3D 视频展示。此外，页面还开通了微博和"留言评论"板块，和网友进行互动。这就是网络新闻的传播力，这种传播效果是任何报纸、杂志都无法达到的。

网络媒体的传播，不受空间限制，不受时间限制，可以夸张点说，互联网有多大，网络媒体的传播空间就有多大。一些原来名不见经传的小媒体，一旦跟互联网"联姻"，人气暴涨，浏览量直线上升，知名度大幅提高。在这种影响力面前，传统媒体只能乖乖投降。

（3）网络新闻具有极强的时效性

网络的时效性有目共睹，这一点是传统媒体难以比肩的。

报纸最短的周期是天，长一点的是周，在这么长的时间内，新闻早就过保质期了。报纸有一个出版周期，需要组稿，需要印刷，需要打包。其他的新闻传播渠道也需要相对比较复杂的准备时间。

网络新闻则不然，很多都是以分、秒来计算的，它所需要的只是一台电脑、一个鼠标，轻轻点击一下，就可以把消息送上网络。比如，2008 年 5 月 12 日，新华网最早发出了关于汶川大地震的快讯，16 分钟以后，中央电视台才播出了第一条地震消息，而最快的报纸也只能是当天的晚报了。

（4）网络新闻具有高度的互动性

无论是看电视、看报纸，还是听广播，我们都是在被动接受信息。网络则没有这么多限制，登录之后，我们可以根据自己的兴趣爱好自由选择，如果愿意，还可以对这些内容发表评论，和其他网友对某个话题进行交流。

网络新闻具有良好的交互性。很多网站都设有"读者评论"、"留言簿"、"网上杂坛"等板块，方便与网友交流。而且，在新闻传播的过程中，传播者已经不再是唯一的主导，作为受众的网友，他们对网络新闻的评论同样会影响新闻的传播。

（5）一定要和媒体结盟

一些做营销、做公关的经理们，经常感到困惑，他们不知道如何与媒体打交道，怎样才能整合媒体资源，与他们结成战略性合作关系。而这对任何一个企业来说，都是一件非做不可的事情，因为我们不知道，什么时候会因为一件什么事情引发一场始料未及的灾难。

对于媒体，很多人都是又爱又恨。爱的是企业离不开媒体，需要借助媒体的影响力，借力得当，事半功倍；恨的是一旦操作不当，媒体就会大肆渲染，让企业万劫不复。有的企业甚至对媒体严防死守。其实，大可不必像防洪水猛兽一样"防火防盗防媒体"。我们完全可以借媒体的力，来推广自己。

企业都应该有几家关系不错的合作媒体。当我们有了好点子、好活动的时候，我们需要有媒体帮忙宣传报道。拿我自己来举例，如果我和谁见面了，去了哪家企业做培训，都会找媒体报道一下。这不仅是提升企业品牌形象的一种方式，在关键词优化方面也会产生很大的影响。

与媒体建立联系之后，我们要经常和媒体沟通，及时了解最新的媒体动态，比如对方下一个阶段的主题规划、当今社会关注的热点等，以便根据这些内容组织营销活动，提前准备好相关素材。

2. 标题要有吸引力

大家都在花样翻新地做节目、做报纸，都想做出一些出彩的东西，以便更好地吸引大众。而大众早已被各种媒体的轮番轰炸搞得疲惫不堪，以至于现在唯有那些标题个性、内容出彩的热点，才能对他们构成吸引力。我们要做的，就是要善于借题发挥、借力使力。

要借热点新闻的力做营销，一定要有个好标题。标题是新闻的眼，在新闻传递方面有着非常重要的促进作用。在网络信息铺天盖地的今天，如果不能通过一个有吸引力的标题带来高点击量，内容写得再好，别人也不会有机会点进去看，营销自然也就失去了机会。

（1）不要千篇一律

在谈到微博营销的时候，我说过每个网站都有自己的特点，那么我们的公关人员在给各个网站发稿的时候，要根据这些网站的特点专门撰写不同的标题。比如，我们可以在新浪上写《网络营销实施专家石建鹏做客新浪微访谈》，在搜狐上写《林俊杰开店做网络营销》，在网易上写《网络营销所带来的新技术》。

常言说"东方不亮西方亮"，我们把所发布的新闻改头换面后，如果新浪的读者看不到，搜狐的读者能看到，如果搜狐的读者看不到，网易的读者能看到。如果大家在搜索的时候发现标题千篇一律，可能哪一个都不去点击了。

（2）重实不重虚

看报纸的时候，我们经常会看到前后对仗的标题，一般前一句比较虚，后一句比较实，实的那一句主要用来交代事实。网络新闻更多地要体现出实的部分，也就是要把最有价值、最生动的内容提炼出来。

标题重实，不是说要大白话，没有一点文学性，而是说要让浏览者一眼看上去，就知道我们要说什么。此外，标题里不能有明显的广告，广告内容可以在文章中以软性的方式体现出来。

（3）标题长短适度

网络新闻的标题有比较严格的字数要求，一般一个标题占一行，不转行，也不空半行。标题太长，会影响阅读效果；标题太短，会让人一扫而过，版面也不协调。具体的标题长度，可以视网站的要求而定。

3. 内容要有冲击力

起好标题后，接下来还要做好网络新闻的正文。美国两所知名大学做过的一项调研显示，人们对正文中图片的关注度是64%，提要是82%，文本是92%。因此，我们不仅要做好"标题党"，更要做好"正文党"。

（1）不要长篇大论

做新闻营销，不要弄出一个超长文本出来。新闻阅读属于快速阅读，没有几个人会去阅读一条几千字的新闻，那种需要点击"下一页"才能继续阅读的新闻更不行。

（2）导语具备基本要素

在导语中，我们应该写明发生了什么事情，这件事情是在什么时候、什么地方发生的，在这个事件中有哪些相关人员，这件事情是由什么导致的。其中，事件、时间和原因是必备的三个要素。

在具体写作的时候，我们既可以一语中的，提出观点，解释事件，也可以设置悬念，先不直接说，而是吊读者的胃口，引导大家看下去。

（3）优化关键词

标题也好，正文也好，如果没有推广因素，就没有营销价值。其中的关键就是如何巧妙地植入关键词。

世界上最大的 Unix 系统供应商 Sun 公司通过研究发现，50% 以上的网络使用者依赖搜索引擎发现需要阅读的网页。搜索引擎对关键词的抓取效果，比对整句话的抓取要好。因此，我们需要在标题和正文中植入关键词。否则，真的很难抓住读者飞一般的眼球。

在整个新闻中，对关键词要有醒目、清晰的提示与标识。不管是标题，还是导语、正文，甚至图片，都要有强烈的关键词意识。比如，在培训点评网上，有一条新闻叫"祝贺石建鹏老师荣获 2011 年度最佳网络营销讲师"，其中的"网络营销讲师"就是一个关键词；在正文部分，在两处提到"网络营销实施专家石建鹏"的地方都加了关键词超链接。这种超链接以不超过三个为宜。

（4）让内容活起来

常看报纸的人都知道，第一版通常都是导航，而且有大幅有冲击力的图片。网络阅读也有这样的特点，人们对图片也是比较重视的。因此，我们可以借助图片来推广自己的品牌。

为了吸引眼球，可以放一些香车美女、自然风光的图片；而为了突出营销，就要多放几张产品图片，甚至可以放一些与产品有关的漫画。不管什么形式，只要做得好，就会受读者欢迎。

在文本中插入视频或 Flash 动画也是一个非常有益的补充，它能够让页面动起来，更能吸引浏览者。

4. 寻找最佳新闻点

新闻营销就是要让众多的浏览者"闻"到我们想说的事情，比如准备对媒体说什么，希望媒体报道什么，希望公众得到什么信息，等等。一家企业，想说的事情可能很多，在这些点中，可能只需要一个恰当的契机，就能成功地将企业推向公众。

契机怎么找？社会上每天都有很多事情发生，其中有些会成为大家关注的热点。这些热点事件，由于受关注度高，往往能够成为企业进行新闻营销的借力对象。比如，TUV（德国技术监督协会）借违法加入塑化剂事件，成功推广了他们的质量认证业务。

要做新闻营销，就要学会借助热门事件。我一直认为，在网络营销中，没有大企业和小企业之分，不是说大企业可以借助热门事件，小企业就一定力不从心。网络营销到处都有，关键在于我们怎样另辟蹊径，发挥奇思妙想，将营销和热门事件嫁接在一起。

（1）巧妙嫁接

如果借力的对象不能跟营销挂上钩，只能算是凑热闹。我们应该让这些热点事件跟企业、跟产品链接起来。比如，在2010年世界杯的时候，新浪网别出心裁，推出了"围观世界杯"微博活动，吸引了数以万计的网友关注和评论。不仅如此，伊利也成了该板块的冠名赞助商，借助两者来推广自己。

（2）抓住时机

新闻热点是有保质期的，过了时限，就不是热点了。我们必须在短时间内整合资源，才能发挥最大的杀伤力。比如，在汶川大地震的时候，很多企业捐款捐物，但最后被人们记住的恐怕只有王老吉。王老吉在地震之后迅速决断，捐出了一个亿。这对于国人来说，算得上是另一场"地震"。而其他的捐款企业，顶多露了个脸，之后就没什么动静了。

（3）公众参与

没有人参与，只是企业在那里唱"独角戏"，同样不会有效果。比如，在谢亚龙下课风波闹得沸沸扬扬的时候，联想借助这个热点推出了一个名为"想乐就乐，就算谢亚龙不下课"的话题。点开之后，人们才发现那是联想 ideapad（思想本）的视频广告。这个广告当天的点击量就超过了11 万。

有人点击，才有人了解，有人了解，才有人购买。网络营销如果失败，主要原因应该是没有能够吸引公众参与。我们要记住一点，"热门事件"四个字中的关键词是"热门"，光有事件不行，还要热门，有人参与才行。

5. 最佳的投放产生最大的效力

截至 2012 年 6 月底，中国网站的数量已经达到了 250 万，其中有新浪、网易、猫扑、人民网、阿里巴巴等综合型门户网站，有上海热线、东北网、长城在线等地方门户网站，还有服装、时尚、教育、文化、影视、娱乐、金融、汽车等行业类网站。这些资源，都可以作为新闻营销的战场。

这不是说我们可以漫无目的地遍地撒网。我们投稿越准确，传播率越高。因为网站不同，浏览对象也不同，每个人有每个人的浏览喜好。

假设我是一家游戏厂家，最近要推出一款格斗游戏，准备邀请当下的某位动作明星作为游戏代言人。我们可以专门举办首发式，并且通过网络现场直播。这肯定会吸引众多媒体，这条新闻也会非常吸引眼球。

像这样的新闻，就不适合投放到财经、文化和历史类网站上，而应该投放到综合门户类网站、游戏类网站或者娱乐资讯类网站上。否则，传播效力一定会大打折扣。

由此，可以得出新闻投放的两个基本要点：第一，要有的放矢。制作好的新闻一定要考虑到网站的读者对象，投放到与产品和内容相关的媒体网站。第二，投放面要稍微放宽。虽然说不能指着广撒网多打鱼，但还是应该多联系几家主流网络新闻站点。在此基础上，我们可以一对一有针对性地发稿，在不同网站的不同频道发布新闻。

6. 既要系列报道，又要控制数量

"独木难成林"，一次成功的新闻营销策划也是如此，如果我们只是发一条网络新闻，很难凭借这一颗小石头掀起大浪，做到妇孺皆知。而不少的新闻报道恰恰就是这样的。

提到史恒侠，可能大家"丈二和尚摸不着头脑"，不知道我说的是谁，但如果我提到芙蓉姐姐，可能就无人不知无人不晓了。芙蓉姐姐原来不过是和你我一样的普通人，后来有网络拍客不断将她的照片上传到水木清华BBS、北大未名BBS和猫扑网上，最终她成了网络上人气火爆的红人。后来，她瘦到100斤以下，被网友奉为"最励志减肥女神"。这说明什么？说明新闻营销要想获得成功，一定要形成系列，形成规模，形成轰动。

作为网站来讲，它们也比较倾向于这样的报道，因为这样可以给网站带来更高的曝光度和浏览量。中小企业完全可以运用这样的手段，这比在传统媒体上做广告花的钱要少得多，成功率则高得多，影响力也大得多。

那么，是不是说为了做到系列报道，我们就可以24小时不停地投放？不是这样的。成本高不说，也未必就能达到预期的传播效果。

北京经常坐地铁的朋友，很多人都会领取免费的《信报》。在这份报纸上，偶尔会有大中电器、国美电器的广告，但不是每天都有，基本上是隔一段时间出现一次。这是为什么？这样可以有效避免审美疲劳。

网络营销也是如此。从成本上说，企业不可能每天做广告，特别是中小企业，不会每天都有那么多新鲜事发生；从网站角度说，也不可能每天为同一家企业发布 N 条广告。

一般来说，在每周的周三、周五投放一两篇新闻就可以了。这样还可以留出较多的空余时间，用来准备新闻稿件。当然，如果是非常焦点的新闻，什么时间发布都可以。

二、论坛营销：选好阵地，打好网络营销战

互联网诞生之初，论坛就已经存在了。互联网经过了几番洗礼，作为一种网络平台，论坛不仅没有消失在网络历史里，反而越发生机勃勃。论坛营销也不是新近的网络产物，很早时候就有企业借助论坛发布产品信息了。直接打广告，是一种最简单、最原始的论坛营销方法。现在大家已经不吃这一套。我们需要更多更好的点子，点亮论坛这盏"阿拉丁神灯"。

一定不要小看论坛的草根性，往往越草根，越具有生命力。在电视台的黄金时段做广告的效果，未必就比在论坛发帖子好。相比而言，通过和草根网民们的亲密接触，我们更容易树立口碑。

"封杀王老吉"、"最美 iPhone 中国女孩"等一系列热点事件、网络红人，都曾经在各大论坛引起广泛而强烈的回应，甚至在网络上四处流传。随着这些事件和人物的热议，其背后的企业和产品也一下蹿红整个市场。

由此，足见论坛在提高产品、品牌和企业认知度、知名度方面的巨大作用，以及在提升营销效率与转化率方面的重大影响。其他的产品品牌，如相宜本草、自然美人等，都是通过论坛的方式成功进入大众视线的。

1. 适合任何企业的论坛营销

论坛是网络用户相对比较聚集的地方。在这些用户中，隐藏着我们的目标客户和免费的网络推手。如果我们能够很好地利用论坛平台，就可以更好地传播产品信息，让更多的用户了解企业和产品，从而达到营销的目的。

（1）互动性强

在论坛上，我们发帖之后，不仅网友与网友之间能够互动，我们和网友也可以直接交流，对于相关问题，大家可以及时沟通。通过这种实时沟通的交流方式，我们可以收集到第一手客户信息，进而了解市场状况和客户需求，并做到全员参与，从而使公司和客户之间的黏性加强。

（2）营销成本低

论坛营销成本低。这是众多企业都可以进行论坛营销的直接原因之一，尤其是那些资金和实力不是特别雄厚的中小企业。

论坛一般实行免费注册的会员制。论坛营销基本上是零成本营销。企业只需支付一定的人工成本，剩下的工作基本都在营销人员身上，他们只要大量地注册账号，并高质量维护账号，在论坛中保持活跃度，引导网友进行交流就可以。

（3）精准度高

每个企业都属于特定的行业，每个行业都有自己的行业网站。做论坛营销，首先瞄准的自然是行业网站的论坛。这种论坛专业性强，精准度高。

另外，很多网站的论坛都有不同的板块。我们可以在论坛中找到适合营销产品的板块，重点推广，这样找到的客户会更加准确。比如，做化妆品的找美容、时尚类板块，做旅行社的找旅游板块，做图书推广的找阅读、荐书板块。

（4）隐蔽性好

如果有人进入过某些网站的读书论坛，肯定见到过读书心得、旅游经历类的帖子。这些帖子表面上是在分享自己的体会，实际上是在为图书、旅游景点做隐形广告。当然，我们不能排除其中有一部分是网友们自己发布的，但有相当的一部分是企业发布的。不管是谁发布的，这种帖子会在不经意间引起人们对产品和企业的关注。

2. 草根论坛需要草根姿态

有些人天生喜欢做教授，以给别人上课为乐，但是并不是所有的人都会心甘情愿地做学生，尤其是在言论自由的论坛里。作为企业，进行论坛营销，找准自己的位置至关重要。论坛具有很强的自由度，我们绝对不能摆出一副高高在上的面孔，板起脸来做教授，对网友们指手画脚，满口说教。那样，非但收不到效果，反而会招来网友的讨厌。论坛里需要的不是灵魂导师，而是知心朋友。

（1）放低姿态，回帖互动

论坛营销不是在论坛里面发各种各样的广告帖，讲述自己的产品有多么好，质量有多么靠得住。我们应该更多地站在潜在客户的一边，想其所想，忧其所忧，用一种将心比心的姿态和原则去做营销。

我们不要以为发了帖就可以"刀枪入库，马放南山"，论坛营销最大的特点就是互动性。我们发了帖，一定要跟帖、顶帖，争取把帖子加精，成为精华帖，争取帖子能够置顶，最终形成点击、跟帖、顶帖的良性循环。

（2）多分享，少推广

什么样的帖子才能吸引人跟帖呢？很明显，不可能是那种硬帖。那种分享性的帖子，比如分享旅游经验、消费心得、读书体会、私密事件的帖子，才能引起人们互动，达到潜移默化的效果。

论坛营销就是一个让潜在客户潜移默化的过程。它不需要扎眼的广告图片，不需要诱人的广告词，更不需要直白的吆喝，善于分享比这些更有力量。就像欧莱雅的广告词一样——"你值得拥有"，只有通过分享，让大家觉得"你值得拥有"这个产品、这项服务，潜在客户才会愿意去亲自体验一番。这样的帖子才是有意义的。

（3）打娱乐牌、情感牌

怎样让"坛友"们对自己的帖子感兴趣？我们可以在论坛里发一些和自己要营销的品牌无关的知识性或娱乐性帖子。这样可以混淆视听，让他们觉得我们不是枪手，即使发现帖子有一定的营销性，也不会把我们屏蔽掉。

另外，我们要学会踩别人的帖子，并留下"脚印"。如果对方是常住民，保持交流，一定会给对方留下印象。久而久之，对方会把我们当做朋友看待。

3．选择适合做营销的论坛

我说到了论坛营销的特点，说到了做论坛营销应该保持的姿态，还有另外一个非常关键的问题，就是选择一个最适合自己的平台。

（1）行业论坛是首选

我们应该找那些客户资源较为集中的行业论坛，作为第一营销目标。

论坛一般都是根据行业划分，或者按照兴趣而建的，只是集中程度有些不同。如果论坛主题相对较弱，不太容易建立专家地位。因此，我们应该花一些时间，弄清楚自己所在的行业有哪些知名论坛。这样就不用像大海捞针一样在不适合自己的论坛里浪费时间了。

怎样搜索论坛，这里教给大家一个小技巧，就是"关键词＋论坛"，"关键词"和"论坛"之间要空一个格。比如，我是做网络营销的，我要搜索行业论坛的时候就可以在搜索框内输入"网络营销"和"论坛"，然后，两个词中间加一个空格；比如我的客户是高档别墅的业主，我要找别墅的论坛，就可以在搜索引擎上搜索"别墅 bbs"，这样出来的就全是有关别墅的论坛（如图 6－1 所示）。

图 6－1　搜索别墅论坛

（2）根据推广类型选择论坛

论坛营销的难点在于什么样的平台最适合我们进行营销。

不同的论坛有不同的特点，我们要根据产品特性和营销需求，选择目标论坛和论坛板块作为推广阵地。那种比较"潮"的话题，我们可以放到猫扑、搜狐和腾讯等论坛上；稍微严肃一些的话题，我们可以放到天涯和新浪等论坛上；那种比较意外的话题，我们可以放到百度贴吧。

（3）注意人气和活力

有人气的地方才有论坛。没有人气，就没办法广而告之。因此，我们一定要选择人气相对较旺的论坛，当然，人气太旺也有不好的一面，可能我们发的帖子没过多久就被其他帖子淹没，沉了底。

论坛光有人气不行，还要看看它是否有活力，简单说，就是看这个论坛最近一段时间，比如一个月的帖子都讨论了哪些主题，热门帖属于什么类型，跟帖的质量怎样，话题涉及什么范围等。

（4）有签名、链接和修改功能

没有签名功能的论坛基本上没有什么价值。签名是唯一可以直接推广产品或网站的地方，我们可以直接把网址放到签名里。我们可以写上"××论坛会员从我们网站购买将享受××特殊优惠"，后面加上我们的网址。

这个网址一定要加超链接。没有几个人会那么有耐心把网址复制之后粘贴到地址栏里，更多的人更愿意直接点击签名里带超链接的网址。当然，前提条件是这个论坛允许在签名的地方发链接。

现在一般论坛都允许用户修改相关资料，比如，头像、签名、论坛显示名等。通过这些设置，有时候也比较容易让人记住。

4. 保证帖子的原创性

曾经有一条广告语说"有创意，才够味"，这条广告语同样可以用在论坛营销上。在论坛发帖子的时候，我们一定要把创意植入进去，不仅内容上有创意，形式上也要有创意。我们要用创意换收益。

有人发现，自己在网站里转了很多的文章，可是在百度里搜索的时候，仍然不见自己的排名有所提升。这是为什么？

搜索引擎这只蜘蛛，对网站的原创性文章基本上是秒收的，在抓取的时候非常喜欢原创性内容。如果非原创性的帖子过多，一定会影响收录。因此，保持内容的原创性，是我们必须要做的，尤其对那种权重不是特别高的网站，更应该引起重视。

对于企业来说，尽可能地多发一些原创帖，可以快速获得大家的认可，提升在论坛中的知名度。否则，一味地复制外界的帖子，将会变成灌水的"水军"。我们不仅要保证帖子的质量，还要保证帖子的数量，既要认真做事，又要勤快做事。通常，过个三五天就要发一篇帖子，这对我们树立意见领袖的地位很有帮助。

从另一个角度来说，读者也更喜欢原创帖，那种报道帖、转发的新闻帖，对于读者来说，没有太大价值。

5. 要做软广告，不要做硬推广

在论坛里，硬广告是很不受欢迎的。会员们非常不希望在自由交流的地方看到硬生生的广告。论坛对这种硬广打击得也很严厉，严重的时候可能直接封号。所以，近些年，论坛里的硬广告越来越少，基本上已经"绝迹于江湖"了。

"上有政策，下有对策"，既然论坛不准发联系方式，不准介绍产品，我们就明修栈道，暗渡陈仓，做软广告。这种情况下，软广告应运而生。那么，硬广告与软广告之间有什么区别？关于这一点请参见表6-1。

表6-1　硬广告与软广告的区别

类型	硬广告	软广告
方式	通过视觉媒介传播	以文字性的网络笔记为主
优点	传播速度快，视觉欣赏度高，有声有色，动态化	渗透力强，商业味淡，可信程度高，时效性强，成本低
缺点	渗透力弱，商业味浓，可信程度低，时效性差，成本高	传播速度慢，传递范围窄，方式单一，静态化

软广告与硬广告相比，关键在"软"这个字，意思是绵里藏针，含而不露，等读者们发现的时候，已经掉入了我们精心设计的软广告"陷阱"里。

写软文的方式有很多种，只要不损害相关人的利益，不触碰法律，只要能够达到推广的目的，就都可以拿来使用。

（1）讲故事

讲故事的方法适用于很多场合，在销售领域常常被当做一大利器。简单说，讲故事就是通过为大家讲一个故事，不声不响地带出产品。也就是说，故事重要，故事背后的产品更重要。

（2）谈情感

情感是广告能够成功的一个重要媒介，没有情感的广告走不进人们的心里。在软文的表述中传情达意，更能够让人们心灵相通，产生共鸣。比如，我们可以把帖子的名字写成"一个80后创业者的辛酸史"、"新一代的创业者们，坚持下去就有希望"等。

情感最大的作用是能够打动人，容易让读者入心。一篇成功的情感式软文，会让人在读完之后非常感动，一点都不会觉得它是篇软文。即便发现，也会在情感的作用下弱化广告的影响。

（3）用危机

如果说谈情感是正向的，用危机就是反向的，它是通过惊醒甚至恐吓的方式提醒人们关注，比如"当心，网络骗局卷土重来"，这种方式的标题更能给人留下深刻印象。不过，采用这种命名方式，如果火候把握不好，会遭人诟病，我们一定要注意尺度。

对于软广告，版主们往往不会严防死守。因为，从规则上说，里面没有大篇幅介绍产品，也没有留下网址和电话号码，将之归为广告帖有失公道。但是，有些软文的写作质量实在是不够高，广告气息过浓，软得不够。这样的软广告，我们最好还是不要再发了，发了，也会被删掉。

6. 结合时事，效果更佳

实际上，结合时事也可以算是做软广告的一种方式。在这里单独提出来，是因为它更具有时间性。而且，它更偏向于事件营销、借势营销的范畴。

这里的时事，不仅仅是指当前国内外发生的大事，更多的是指那些能够吸引眼球的热点事件、热点人物。一些有着特殊意义的节假日，也可以用来做事件营销。近几年商家们越来越多地在利用有特殊意义的节假日进行营销。比如，感恩节、光棍节、情人节等。当然，他们也不会放过五一、十一这样的假日和春节、中秋、圣诞节这样的国内外传统节日。像2012年奥运会、"神九"上天这样的大事件，他们更不会错过。

时事本身就具有一定的关注度。在论坛里发帖子的时候，如果能够将产品和这些时事相互连接，更容易达成产品推介和品牌展示的目的，是一种效果不错的营销手段。

在论坛发软广告帖的时候，我们要多看看最近有没有什么热门事件，是不是什么特殊节日，有没有什么热点、焦点。这里告诉大家寻找热点的一些方法。

第一，多去一些门户网站逛逛，看看他们的头版头条是什么，看看博客频道排在前面的是关于什么的内容。这些通常都会体现出当下的流行话题和流行元素。

第二，去了解几大知名搜索引擎的关键词搜索排行。那些最流行的、搜索量最高的关键词一目了然。

第三，最近有没有什么特殊节日。这个常看万年历就知道了。有些节日，比如光棍节，可能在日历上没有，我们同样要关注。

第四，QQ 空间、微博里总会有关于话题的排行，哪些是当下的热点非常清楚。

第五，去各大视频网站看一下。有很多热门、焦点事件和网络名人，都会有视频。这也可以成为我们做软广告的资源。

那些热点人物、焦点事件，恰恰是网友们最关注的话题。在帖子里，甚至在标题中直接引入时事，会让营销更具效果。只是在编写软文的时候，不要天马行空地乱写，以免给自己造成负面影响。

7. 有趣有用才更有效

其实，很多混迹在论坛里的网友都是来找乐子的。如果把帖子写成博士生论文一样，中规中矩，没有趣味性，可能很难迎合这些网友的阅读习惯和口味。

帖子应该尽量多一点幽默感和趣味性，不但内容要这样，标题也应该这样，不能搞得太学术，太专业，太一本正经了。现在有很多网络用语、帖子术语，比如"给力"、"hold 住"、"淡定"、"弓虽"、"你这人真 CM（聪明）"、"屌丝"等等，都可以被我们用到帖子和标题里。用网络语言与网友交流，会显得我们更贴近网络，更贴近网友。

一个帖子光有趣还不够，最好还能有用，在让网友们长知识的同时，进行推广。

案　例

网上曾经流传过一篇区分真假阳澄湖蟹的软文。软文一开始，对蟹的美味与营养大肆渲染，接下来软文提到：如今市面上冒牌假蟹横行，顾客难辨真假，权益得不到保障。最后，文章把真蟹与假蟹进行了对比，突出了真蟹的产品质量、客户服务和后期保障，很好地体现了购买真蟹的必要性和认准真蟹商家的重要性。

针对某一商家的阳澄湖蟹，文章分析了其产地和销售渠道，对其产品新鲜度和质量、店铺的权威性和信用度都做了详细而深入的介绍。

这个帖子只是系列软文中的一篇，他们还通过其他软文介绍了该商家的店铺和其他湖鲜产品。结果，这个商家的网络店铺和实体店铺的销量都大幅提升。

在进行网络营销的时候，这个商家运用了多种营销策略：

第一，他们实行了双线营销，既有网络店铺，也有实体店铺，这两种店铺很好地做到了互补。

第二，在软文中，他们没有一开始就介绍产品，而是讲述蟹的美味，真蟹与假蟹的区别，以及受众们的忧虑，为接下来的推介做铺垫。

第三，在最后部分他们才推出真正要营销的内容。为了推广产品，他们对商家和产品提供了相关资信证明。有了前面的基础之后，这种水到渠成、因势利导的软文方式，会更容易让人接受。

这种营销方式的成功，在很大程度上是因为抓住了人们的心理诉求——买真蟹，不买假蟹。如果反过来，先讲商家有多么高的信誉，产品有多么好的质量，后给大家提供相关知识，讲述如何甄别真假，恐怕大家一看前面的广告内容，就直接把网页关闭了。

让我们的帖子更有用一些，还出于另外一个考虑。版主们需要维护论坛，他们会不留情面地把广告帖逐一删掉。其实，版主们也不是完全反对广告，但是那种毫无价值、一味夸赞产品的广告帖，他们是一定会删的。如果将产品信息融入经验分享、技术交流中，广告的部分也恰到好处，这种帖子不会被轻易删掉。

最后提醒大家，多多培养论坛的大号，与大号和版主建立密切关系，这在日后将成为非常重要的资源！

三、问答营销：以互动的方式做品牌，做口碑

问答营销是一种互动性的网络营销方式。不管是提出的问题，还是给出的回答，一般都会植入相关的关键词。通过问答，既能够与潜在的客户产生互动，又能够在遵守提问与回答规则的前提下，巧妙地植入公司或产品广告，同样可以达到宣传产品、推广品牌、提升搜索引擎排名的效果。

问答营销的最大好处是提升搜索引擎排名。如果对百度比较了解的话，会看到这样一种情况：我们在百度知道里提出了一个问题，只要在搜索引擎里一搜，就能在搜索结果的首页看到这条内容，甚至可能排名第一。做好问答营销，可能会迅速提升我们的网站点击量。

1. 养号是个大关键

有一些做过网络营销的人，总觉得知道、问答、问问这样的平台让人"hold 不住"。因为大家不管是提问，还是回答，都想加上超链接，结果哪怕是这个网站产品的超链接，十之八九也通不过。再一看其他人，往往就能够通过，于是内心里非常不"淡定"。为什么会这样？这个绝对不是人

155

品问题，而是因为我们的账号等级不够。

有些人一听到问答营销这个新词，就跃跃欲试，想轰轰烈烈大干一场，甚至成批量地注册了许多账号，试图让自己的信息能够铺天盖地。我想说，这种做法非常不可取。就以百度知道为例，并不是不能加超链接，前提是我们先要培养一批高级别账号，成为达人之后，自然就可以突破链接限制了。

不过养号是挺困难的，需要我们经常回答别人的问题，还要回答得有一定水准，不能只是三言两语、乱讲一通。在开始的时候，我们要尽可能地做这样的储备工作，等到账号的级别高了，就可以等待收获了。

要想升级快，就要争取完成问答频道给我们安排的工作，虽然这是在帮网站做工作，但是最终获得经验值的是我们自己。当我们达到一定的权限后，会发现原先通不过的加了超链接的帖子已经可以通过了。目前看来，升级没有什么捷径可走，只有多做任务。

养号不是一时半会儿就能完成的事情，它需要我们持之以恒。因此，在刚开始的阶段，在回答问题的时候，一定要干干净净的，全部是纯文字叙述，一定不要加超链接，以免辛辛苦苦养大的账号被封掉。

不过，这不是说我们完全束手无策。我们可以选择"曲线救国"的方式。我们要利用一切可以利用的机会和资源。比如，如果我们是做减肥产品网站的，你可以在回答"现在流行什么减肥产品"、"哪些减肥产品效果好"这样的问题时，回答"搜索××减肥网，上面有很多的减肥产品资讯，可能会对你非常有帮助"。

2. 始终站在目标客户的角度

有时候做问答营销是自问自答的，那么要推广我们自己，应该以什么为出发点提问呢？从编辑角度出发行么？肯定不行。我们应该站在目标客户的角度，思考他们会需要什么样的信息。如果不能站在目标客户的角度去思考问题，最后只能以失败告终。

比如，一家针对高考落榜高中毕业生的教育培训机构，如果想做问答营销，就应该从高考落榜生的角度提出问题。那我们就要思考一下，在主题的选择上，是用"参加培训好，还是就业好"，还是用"参加培训好，还是工作好"。如果大家更关注"就业"这个词，我们就要用"就业"这个词。

再比如，一家在深圳做网络营销的公司，如果想通过问答营销来宣传自己，应该怎么提问？有些人可能会问"深圳网络营销怎么样"，这样提问的效果不是最好的。我们可以这样提问："深圳哪家网络营销的机构比较好？"前面的那种提问法，可能大家不常用。后面这种提问法——什么什么比较好，哪里有比较好的什么什么，是大家经常见到和用到的。后面的这种提问法，是完全站在目标客户的角度上考虑的，与前面的相比，其效果会大不一样。

3. 问题必须具有针对性

提问题一定不要泛泛而谈，而要有针对性地去提问。在提问之前，想好这个问题是要反映哪些想让别人知道的内容，想达到一个什么样的结果。想好了这些，在提问的时候才具有针对性。

比如，在进行网络营销推广的问答营销时，可以将目标客户分成几种：第一种客户比较盲目。他们根本不懂什么是网络营销，也不懂问答营销对他们有什么好处。第二种客户缺乏头绪。他们很想做网络营销，但是没有任何的头绪。第三种客户目标比较明确。他们清楚网络营销的价值，也想做，只是不知道该找哪一家机构进行网络推广。第四种客户知道哪里有网络营销机构，但不知道他们每一家的效果怎么样。

针对以上几种客户分类，我们可以有针对性地提出不同性质的问题：网络营销有什么作用？网络营销应该怎么做？成都有没有网络营销机构？哪家网络营销机构比较好？

当然，在设计问题的时候，可以将思维再发散一些，甚至可以具体到产品或者公司的名字，如图6－2所示，比如，石建鹏的网络营销课程怎么样，石建鹏的网络营销课程主要讲什么，等等；也可以按照"5W1H原则"对问题进行设计，比如，如何更好地学习搜索引擎优化，留下外链的方法有哪几种，等等。

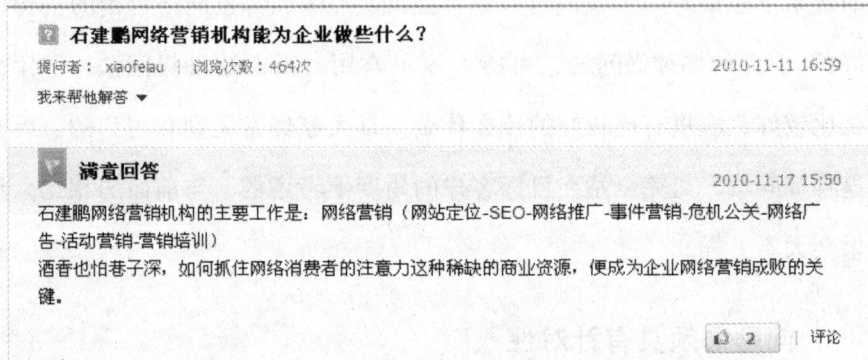

图6－2　问答营销

问题可以发散，但必须掌握好尺度，一定要出彩，足够吸引人。具体怎么设计，没有特定的原则，可以多角度、多方面地设置问题，只要保证问题的针对性就可以。

4. 选取适当的关键词

曾经有一次，一个朋友问我，为什么她做了那么长时间的问答营销，一点效果都没有，在搜索引擎里搜索的时候，根本看不到她的信息。我说可以帮她找找原因。于是，我让她把做过的几个问答链接发给我。我打开一看，就发现问题了。她确实做了不少工作，提了七八个问题，也做了答案，但是那些问题的题目，竟然没有一条含有人们容易搜到的关键词。我猜想，她是仅凭想象编写的题目。后来一问，果然和我猜的一样。

现在很多人都养成了一个习惯：有问题，百度一下，哪怕做个西红柿炒鸡蛋也得先百度一下，看看是先放糖，还是先放盐。而且，人们很多时候会直接进入百度知道去搜索。因为百度知道的权重比较高。"西红柿炒鸡蛋"本身就是一个关键词，搜索出来的结果都是与它相关的。在搜索引擎中，相关的结果也是靠关键词搜索出来的。在问答的题目中植入关键词，会非常利于百度知道在搜索引擎中的排名。

在提问中，关键词出现一两次即可。为什么提问中最好也要有关键词？这很好理解。每个问答网站所使用的技术不一样，有的时候我们搜索关键词，会直接搜到被对方设置为最佳答案的内容，而在有的问答网站，则会显示提问的内容。我们"一颗红心，两手准备"就能很好地弥补这个不足了。

做问答营销，必须要在对市场、资源和网站进行综合评估的基础上，明确要推广的是哪些关键词。我们最好选择那些竞争不是特别激烈的关键词，这样才会让我们的营销更有力。

在问题中植入的关键词越短、越精准越好。比如，网络营销机构、网络营销专家、网络营销培训等。因为搜索引擎默认的匹配规则认为，越精准对客户越有帮助。

我们可以根据统一泛关键词匹配出大量长尾关键词，比如北京网络营销专家、网络营销实施专家、网络营销培训讲师等。至于长尾关键词怎么匹配，前面已讲过，这里就不赘述了。

5. 全方位、正面地展示信息

既然是问答营销，有问就要有答。有时候是他问我答，有时候是自问自答，怎么在回答中巧妙地做广告，就看我们的水平了。

做问答营销，首先要选择一些广大互联网用户比较认可的、权重比较高的问答平台。百度知道、新浪爱问、天涯问答、腾讯问问、奇虎问答、搜搜问答、雅虎知识堂等问答平台，我认为都可以用来做问答营销。

我们只在其中一个或几个问答平台上做就可以了，不一定非要在所有的问答平台上都开展营销活动。因为，其他的问答平台可能会通过转载的方式，复制和传播你的问题。

选择前面所说的那些问答营销平台，是因为他们有较高的权重。这种问答的方式，可以通过他们的权威性和高权重，来展示和传播我们的产品和品牌。

案　例

问：我平时特别喜欢在网上买东西，因为网购比较便宜。我想多知道点团购方面的信息，我不喜欢团购导航、团购大全那样的网站，谁还知道别的？

答：团购大全、团购导航这样的网址大全，是网站经营者通过对团购网站信息的挑选和整合，在优秀的团购网站和消费者之间搭建的一座桥梁。这座桥梁对于双方来说，都是有好处的，它清晰直观，免除了消费者大海捞针般的痛苦，让团购变成了一次趣味十足的消费体验。

除了拉手、糯米团，其实还有很多类似的团购网站，比如团800、我爱团，比如每天团购一次的美团网。

只要细心一点，就能从回答的内容中看出来，这是一个广告帖，主要是为了推出美团网。在回答中，前面对团购大全、团购导航的优点分析，举拉手、糯米团、团800、我爱团等例子，都是在走过场，是为了在最后推出美团网。当然，在实际操作中，"每天团购一次"的字体和颜色可能有所不同，以示区别，以引起大家的关注。

如果单看前面的专业性术语，我们很难想到这是一个广告帖，因为这往往会使浏览者感觉很官方、很权威、很可信，能够让大家继续读下去。反过来，如果一开始就是广告，可能人们就会失去耐心。

这种方式我们可以借鉴一下。在说完建设性意见，并且这种信息一定要是正面的，信息内容要尽量做得充分一些；之后，才能加上真正要推广的内容。这样才有可能增加目标客户的转化率。

如果有必要，在回答中，我们还可以增加同类性质的网站进行对比，分析优劣，让大家看过之后觉得是第三方的评价，以显得更具公正性。

6. 加外链时莫贪心

在回答问题的时候，比如百度，是允许在答案中加入网页超链接的，以引导网友点击、浏览，获得更多的知识。但是，怎样留网页超链接是有技巧的。因为一般情况下，在刚开始做问答营销的时候，网站不允许加外链。

首先，不要在所有的问题中都添加网站链接。加外链一定不要贪多，不要对每一个回答都加上链接。每个账号每天在回答问题时加的链接数量不要超过20%。

其次，我们加链接不一定非要加自己的网站，可以是之前回答过问题的网址、主题博客或者在其他网站做的推广文章等，比如百度百科、百度空间、百度文库等。如果要链接到我们的网站，也不要链接到首页。可以链接到某一个栏目或者分页。这样大家就不会怀疑你在做广告，还能增加展示网站内页的机会。

再次，一般来说，ID 等级越高，通过审核的概率越高。我们最好多花一点时间养号，等养到一定级别的时候再加外链。

除了上面所讲三点，我们在加外链时，还可以采取以下这些策略：

第一，不加带 http 的网址。虽然说我们在写答案的时候要写得详细一些，有条理一些，但不是说一定要写得那么全面。以我的个人网站为例，如果我想在答案中加上网址 "http://www.shijianpeng.com"，我就可以去掉前面的 "http"，直接用 "shijianpeng.com" 代替。

第二，在参考答案中留网址。在回答问题的时候，如果我们怕被人怀疑做广告，可以把网址留在 "参考资料" 一栏，或者在 "继续追问" 中留下链接。

第三，用图片变相留网址。在回答问题的时候，可以在答案里插入图片。这个图片我们可以好好利用一下，甚至可以在上面直接留下联系电话。

第四，留 QQ 号。我说留 QQ 号只是举个例子，现在大家用的即时通讯方式有很多种，都可以拿来作为加外链的方式。为了顺利通过，可以把相关号码的数字改成汉字形式。

四、邮件营销：通过前期引导，获得客户认可

每一种网络营销方式都是一把双刃剑。邮件营销更是如此。用得恰到

好处，自然可以和越来越多的客户取得联系，拉近关系，事半功倍；用得不当，甚至失当、盲目，会很容易失去客户，造成损失，事倍功半——客户们对那些含有明显目的的电子邮件有可能产生反感，轻则一删了之，重则拉黑，或者投诉——那么，我们之前付出的努力就付诸东流了。因此，如何提高邮件营销的效果，就变得至关重要。

1. 廉价而有效的网络营销方式

有人说，邮件营销是一种很泛滥的网络营销方式，现在垃圾邮件铺天盖地，简直是老鼠过街人人喊打，再发邮件不是招人骂吗？其实不是的。邮件营销有它特殊的推广优势，只要我们规避了一些误区，就能够把邮件营销变成一种效果非常不错的低成本、高效率的网络营销模式。

美国一家权威网络营销机构曾经做过一项调查，结果表明，在访问公司网站的客户中，有50%～60%是被邮件的内容吸引过去的，而他们在邮件营销中所支付的费用仅为公司营销预算的10%～20%。由此可见，邮件营销的最大价值就是用小成本实现大营销。

与传统的线下营销方式相比，邮件营销有着低成本、高效率、范围广、速度快、针对性强、灵活性高的优点。具体可参见表6-2。

表6-2　邮件营销与传统营销的对比

项目	邮件营销	传统营销
成本	成本低。可上网的电脑，免费或付费的群发软件，网费	成本高。涉及广告费、材料费、场地费、运输费等费用
效率	效率高。一款群发软件可以同时发送成千上万的邮件	效率低。只能在某一个具体的地点针对一部分人进行推广
范围	范围广。可以发到全世界	范围小。只能是某一个具体地点
速度	速度快。随发随至	速度慢。逐渐被人知晓

（续表）

项目	邮件营销	传统营销
针对性	针对性强。可以根据客户特点进行推销	针对性弱。面对的目标客户不准确，随意性比较大
灵活性	灵活性高。可以随时调整	灵活性低。一般不能半途终止

在互联网提供的服务中，电子邮件一直占据着相当重要的位置。我们不得不承认，电子邮件对我们每个人的工作和生活都产生了巨大影响，基本上只要上网的人都有电子邮箱。这就为邮件营销提供了丰富的客户资源。

很多 B2C 商城在客户购物时，都会要求他们注册，注册信息中必填的一项就是电子邮箱。由于客户有过购买经历，通过邮件提醒他们有什么新品、优惠活动，就会很容易搞定客户。可以说，邮件是向目标用户传递有价值信息的一种有效营销手段。

案　例

贝尔皮具是国内最大的贝尔皮具正品购物商城，他们曾经通过邮件营销的方式成功做了一次情人节推广活动。

他们推出的是一项预订活动。第一次发邮件的时候，他们只是提到了有这样一个活动，并没有告知活动的详细情况。不过，邮件发过之后，发现效果非常不错，网站的整体流量增加了三倍多。随后，他们发出了第二封邮件，告知了活动具体开始日期和活动项目。这就大大吸引了大家的眼球。当期商城成交量一下子就上来了。本来，一开始的时候，人们对这个商城并不太了解，通过这次活动，这个商城引起了很多人的关注。

贝尔皮具的两封邮件虽然前后有很大不同，但目的是一致的。不过他们运用了一个小技巧，不是一下子就和盘托出，而是有步骤地开展营销。可能这也是我们需要学习的地方。我们有时候太过心急，总想在一封邮件里把所有的信息都传递给客户，希望客户看到邮件后就马上点击、购买。这种做法和想法都是不可取的。

通过这个邮件营销案例，我们还是能够看到邮件在营销方面的魅力和能量所在。如果我们懂得运用，它比很多营销方式都方便，有吸引力，能产生更高的客户转化率。

从贝尔皮具的案例中，我们还可以引伸出一个问题——邮件的发送频率。关于这一点，我讲一个朋友的真实故事。

我有一个朋友在深圳销售器材，他想跟台湾地区的一家公司合作。当时他想把这家公司引到广交会上，然后吸引他们采购自己的产品。于是，他就用发邮件的方式，一连发了半个多月，结果真的把那家公司引到了广交会。那么，这半个多月的时间我们该怎么发邮件呢？

首先，要一环套一环，所有的邮件主题都是说这个事情，但是每封邮件的内容不能一样。然后，我们要明确具体的发送周期，一开始的时候可以四五天发一次，越到后面越密集。比如，第一次在 1 号发，第二次在 5 号发，第三次在 8 号发，第四次在 10 号发，到了 12 号以后可以每天发一次，形成倒计时的发送模式。意思就是要告诉对方，还有几天就是广交会了，我们的展位在哪里，广交会都有什么内容，等等。

2. 邮件营销也讲天时地利

"巧妇难为无米之炊。"做什么事情，都要先找到资源。做邮件营销，首先要有目标客户的电子邮箱地址。网络世界那么大，网络用户那么多，怎样才能找到更多的资源?

讲这个问题之前，我们先来了解一下邮件营销的方式。邮件营销有两种方式: 许可式邮件营销和非许可式邮件营销。许可式邮件营销, 简单说, 就是客户允许我们发邮件给他。非许可式邮件营销, 顾名思义, 就是未经客户允许, 我们就发邮件给他。没有得到客户许可, 就发邮件给客户, 可能会被客户认为是垃圾邮件。但是, 对于那种刚刚起步的网站, 没有当当网、京东商城那样现成的庞大客户团, 也没有那么多资金, 只能选择非许可式邮件营销, 这也是无奈的选择。

对于有些企业来说, 选择非许可式邮件营销既然是无奈之举, 也就只能想方设法多开门路, 多找客户资源。这样, 哪怕最后是广种薄收, 也没有关系, 至少已经有一些客户接受了, 而且企业也有了一定的知名度。

通常, 我们可以通过下面几种方式来获取目标客户的电子邮箱地址。

第一, 通过搜索引擎搜索。现在有一些这样的软件, 比如, 以前很流行的电子邮箱地址搜索精灵等, 可以通过搜索某个关键词, 收集到很多电子邮箱地址, 然后生成一个文本文件。

第二, 通过行业网站收集。比如, 我是做网络营销的, 我就可以先收集一些与网络营销相关的论坛、网站, 然后在这些网站里收集。至于具体的方法, 我们还可以用上边提到的搜集软件。

第三, 通过收集垃圾邮件获得。别人会认为我们的邮件是垃圾邮件, 我们也会收到同样的邮件。这些邮件很多时候是同时发送给多人的, 我们完全可以利用这些资源。

第四, 通过直接购买获得。网上会有一些电子邮件数据库, 我们可以联系这些商家购买。这种虽然比较直接, 但精准性相对差一些。

前面所讲的四点属于邮件营销的数据资源采集, 如果没有数据资源,就没有办法开展邮件营销工作。

现在有些人早已经饱受垃圾邮件之苦，甚至纷纷设置了垃圾邮件过滤器，只要邮件里带有优惠、价格、促销以及折扣额等词句，就可能被过滤掉。但是有一些目标客户可能真的需要这些方面的信息，如果被过滤掉，客户看不到，就太可惜了。

从营销的角度来说，邮件都无法到达客户那里，又怎么能实现邮件营销的价值与目的？为了解决这个问题，我们就要在技术上下工夫，甚至可以把这项工作交给专业的服务商来做。

如果我们能设计出良好的退订程序，收件人可以轻松订阅或退订，这样就能体现出对收件人的尊重，把是否接受邮件的权利完全交给他们。另外，我们要随时进行跟踪、监测，实时查看邮件发放的成功率、失败率、打开率、打开点击率，以及转发率等，以便更好地了解邮件营销的实际效果。

邮件内容和样式也是非常关键的。我们要依据产品定位，为目标客户提供有吸引力的邮件内容和精美的创意设计，以提升营销效果。至于具体怎样进行设计，将在下面详细讲述。

3．为客户量身定制邮件

业界有句名言：电子邮件地址产生财富。这并不是说，有了电子邮箱数据库，就万事大吉。如果邮件质量不高、格式编辑混乱，营销的效果可能就达不到期望值，甚至会被对方归为垃圾邮件。

基本上 85％ 以上的人每个月都会收到 5 到 10 封广告邮件，甚至更多，其中不乏垃圾邮件。对于这些邮件，有人会马上查看，有人会在空闲时间查看，有人根本不理会，最终看邮件的人会超过 50％，只有 1/5 的人会选择直接删除。通常，电子邮件中都会附带超链接，如果内容是自己感兴趣的，有一半以上的人会选择点击，一般不点击的只占30%。有近60%的目标客户，看了电子邮件后，会经常或者偶尔购买其产品。这些数据告诉我们，在邮件营销方面，我们还是大有可为的。

我们要做的是，让邮件第一时间就能吸引客户的注意，能引导客户打开邮件，读完全文，最终打开链接，购买产品。

那么，我们怎样才能迈好这第一步呢？首先，必须知道客户需要什么样的邮件，对什么样的邮件感兴趣。

一半以上的客户，都不喜欢莫名其妙地收到广告邮件。因为很多时候，这些邮件里所谈到的内容跟他们无关，他们根本不感兴趣。有20%左右的人认为，可以接受这种营销方式。有12%的人表示，只接受自己订阅的商业邮件。在他们订阅的信息中，大部分都是产品优惠信息、商家优惠信息等。

这里就存在一个问题，如果不发邮件给目标客户，就不知道他们对此的态度。因此，我们不是不可以发未经允许的邮件，在邮件中，我们可以让客户作出选择，是接受邮件，还是退订。这是从内容上说的。

从形式上说，如果邮件里包含有趣的图片或小动画，会更加吸引人浏览。不过，会通篇仔细阅读的人并不多，只占到了10%多一点。这同样给了我们一条启示：在设计邮件内容的时候，一定要有吸引力，力求让人第一眼看到就会有惊喜、有兴趣、有收获。

并不是说，这样做下来就一点问题都没有了。有一多半的人认为，大部分的邮件广告都不十分可信，除非是他们熟知的企业或品牌，认为十分可信的人不过百分之十几。大家都知道企业发送电子邮件的目的只有一个，即进行商业宣传和推广，如果他们觉得不可信，肯定不会点击购买。

因此，我们应该在这方面多努力，取信于客户。

如果有人频繁发同样内容的邮件给我，我一定会直接删除，将其拉黑。很多人的做法和我一样，除非这些邮件是我自己关注的、订阅的、非常喜欢的。有鉴于此，我们在发邮件的时候一定要注意频率，不要每时每刻都想着发邮件给客户，隔三差五发一次就行了。

那么，在具体设计上，网友们希望看到什么样的邮件呢？首先是标题。如果标题有吸引力，会有60%的人愿意打开浏览。其次是文本。文本幽默、内容实用是50%以上的网友们的强烈要求。再次有50%以上的人认为排版美观、整齐的邮件内容，会让他们更有兴趣阅读。其他的细节，比如，是否嵌入背景音乐、小段视频，图片是否生动可爱，是否有折扣、查询链接、明确的来信人、查询邮箱等都是网友们比较关注的内容。在具体的设计中，我们要把这些因素综合考虑进去。

4. 让邮件主题具有营销性

人们收到一封电子邮件，第一眼看到的往往就是电子邮件的主题。如果邮件的主题不能第一时间抓住对方，可能就会失去营销的价值。

（1）邮件主题是邮件的精华

邮件主题要体现出邮件内容的价值来。目标客户在打开邮箱时，通常会快速地浏览所有收到的邮件，他们在作出是否阅读邮件的决定时，同样是非常迅速的。一个好的、浓缩了邮件精华的主题，往往可以增加对内容的信心，让对方觉得这封邮件对他来说是有价值的。

（2）用邮件主题表现更多的内容

每一封邮件都有发件人，在发件人一栏往往不能放置过多的信息，剩下的内容就可以放到邮件主题部分，而在发件人一栏只简单地写明发件的公司名称即可。这既是一种补充，也是一种强化。

（3）主题中必须含有关键词

在标题中添加关键词的目的，一是强化对方对邮件的印象，吸引他打开邮件读内容，二是为了便于对方检索——很多邮箱都有检索功能，目标客户在收到邮件的时候不一定就会点击读内容，有时候可能过了几个星期，需要购买某个产品的时候才想起来有这么一封邮件；一个非常关键的关键词这时候就能起到提醒的作用，能够帮助对方迅速定位该邮件。

（4）主题中要有产品信息

收件人有时候会根据主题来判断内容的价值。我们要在主题中，尽可能展示出重点信息，给人留下深刻印象。

以上几点只是从理论上说的，在具体操作中，我们应该灵活掌握，不应僵化，不一定非要把所有的因素都考虑进去。只要主题能够比较全面地反映出重要信息，就可以了。在正式发给目标客户之前，我们可以进行一下内部测试，看哪一条主题更受欢迎。

我们也经常会收到电子邮件，去看看他们在推销产品的时候是怎么使用标题的，对于那些能够成功吸引人的标题，也不妨借鉴一下。

5. 设计发件人信息

电子邮件发件人信息设计和主题设计一样重要。发件人的信息同样会影响邮件的打开率。一封没有发件人信息的邮件，很容易让人觉得不安全。在营销型邮件中，一定要重视发信人信息的设计。表6-3为电子邮件打开率的影响因素，可供大家参考。

表6-3 电子邮件打开率影响因素

影响因素	影响率	影响因素	影响率
知道并且信任发信人	59.2%	有折扣	17.5%
邮件主题	41.1%	免费送货	15.1%
邮件可以正常打开阅读	33.6%	邮件不是大量发送	10.9%
邮件打开过，有价值	30.1%	邮件的内容与收到的产品目录相似	9.4%
预览窗口吸引人	19.0%		

　　上面的数据，是美国 Return Path 的一份调查结果。这家公司的服务宗旨是促进电子邮件传递成功率。这份调查结果表明，高达59.2%的被调查者认为，他们会打开那些熟悉的、信任的发信人发来的电子邮件。

　　为什么一些个人邮件中，即便发信人在个人信息那里只写了中文或英文的姓名，或者是汉语拼音，甚至什么都没写，我们还是愿意打开？就是因为我们熟悉他们，信任他们。

　　但是，这对邮件营销来说是不适用的。个人邮件往往用于熟人之间，发件人的信息怎样根本不会有什么影响。如果是营销型邮件，这样的设计就太简单、太不合适了。

　　如果我们是一家非常知名的公司，比如，亚马逊、凡客诚品，大家对我们比较熟悉，有时候即便没有通过允许，客户也不会把这些邮件当做垃圾，直接删掉。当然了，这些知名的公司发邮件的对象基本上都是他们的注册用户。

　　对于大多数企业来说，都没有那么高的知名度，都需要进行基本的发信人信息设计。一般来说，我们应该如实地写上我们公司或品牌的名称，真实的电子邮箱地址，给客户们提供真实、可信的信息。比如，在发件人一栏，我可以写成 shijianpeng@ shijianpeng. com，而不要写成 info@ shijian-peng. com。

如果我们写上了公司的名字或者品牌的名字，就算客户没有浏览邮件，也能在一定程度上起到宣传作用。

6. 规划邮件的内容

邮件内容怎么写？切忌文不对题，内容一定要与主题相结合。写邮件的时候，应注意以下几点：

第一，内容简单明了，字数不要太多，一般在200字左右就可以了。要知道我们的目标客户未必会允许我们长篇大论。

第二，最好附上公司 LOGO。公司 LOGO 可以固定放在邮件内容顶部比较显眼的位置，但不要占用太大空间。

第三，内容所用的字体要统一。在一封邮件里，可以使用两三种字体。正文用一种字体，标题用另外一种字体。不要使用一些非常规字体。对于需要着重强调的内容，可以用不同颜色来显示。

第四，可以用图片作为补充，这样能让邮件更生动、更引人注目。图片要精美一些，要和正文内容相关，但不要嵌入正文，只需要带上广告和超链接就行。

第五，要控制邮件正文的结构。不要一段到底，要整齐划一，并用空行、标题等分出小段落来，以方便对方阅读。

第六，除非是对方许可，否则一定不要添加附件。即便客户允许，也要注意：附件内容要尽量简洁，文本尽量用 TXT 格式的，不要用 WORD 格式的，图片尽量用 JPG 格式的，不要用分层文件。

第七，要注意邮件的署名。

在电子邮件中，虽然署名和邮件主题、发件人信息相比，没有那么重要，但仍然是不可缺少的组成部分。它是发件人信息的补充，是企业品牌形象的组成部分。

正规的公司在邮件里署名的格式应该是统一的，这样看起来比较规范，能够显示公司整齐划一的形象，尤其是当多个员工或者部门都需要和客户进行联系时，这种效应更加明显。

署名要简单、整齐，一般应包括联系人、部门、公司名称、联系方式等，最好再附带上一句广告语。如果邮件发送的对象不同，也可以使用不同的署名。署名的内容一定不要太多、太长，以免影响邮件正文的表达。具体可以参考下面这个格式：

联系人：石建鹏

电话：010 – 12345678

网址：http：//www.shijianpeng.com

公司：建鹏网络营销

改变中国中小企业营销模式

学得起！用得上！实战！更实用！

第八，要注意邮件的大小和格式。

有时候我们打开个人邮箱，会惊讶地发现，才个把月没有进邮箱，5M的邮箱空间已经几乎被各种邮件占满了，其中大多数都是垃圾邮件。于是，我们有可能不管三七二十一统统删掉，甚至一些自己订阅的邮件也没有幸免于难。

反过来说，我们也要考虑邮件大小的问题。有一次，我发现一个老总给客户发的邮件都是200K到300K的，我就建议他：邮件内容太大了，应该适当改进一下。那么，多大的邮件比较合适呢？这跟邮件的格式有关系。

当时我给出的建议是：文本格式的邮件不要超过20K，HTML等格式的不要超过 50K。为什么定得这么低？我们要考虑到用户的实际情况。不是每个人的带宽都是好多兆以上的，甚至有多个用户共用一条线路，不仅速度慢，还要时不时地忍受断线的折磨，如果我们的邮件超过 100K，对方接收起来就可能比较吃力。

目前常用的电子邮件格式包括纯文本格式、HTML 格式、多媒体格式等。从视觉效果看，HTML 格式和多媒体格式给人的印象更深刻。但如果内容繁多或者各种动画、图片信息过于丰富，则可能适得其反。

因此，我比较倾向于纯文本格式。纯文本格式的邮件简单明了，往往更能获得用户的认可。采用大量图片或者 HTML 格式的电子邮件，不仅占用空间大，还有携带病毒的可能，让邮件程序无法工作。但具体使用哪一种格式，最终还要看我们要推广的是什么产品，要达到什么样的效果。

7. 让用户心甘情愿接受邮件

肯定存在这样的情况：一封未知姓名或者机构发来的电子邮件，客户会不假思索地直接删除，因为对于他们来说，这些邮件都是垃圾。而对于客户许可的电子邮件，只有极少数人这么处理。因此，获得客户的许可就是我们首先要做的事情。

凡是没有经过客户许可，就强行发送到他们邮箱中的任何电子邮件，都可以被称为垃圾邮件，主要包括赚钱信息、商业广告、电子杂志等，甚至还有一些成人广告。垃圾广告谁都不喜欢。即便是真正的邮件营销，也很容易被对方归到垃圾的行列。如果我们能够让客户心甘情愿地接受邮件，邮件就不是垃圾了。

许可营销的概念是美国营销专家赛斯·高汀在《许可营销》一书中提出来的，这个概念一经提出就受到网络营销人员的普遍欢迎和广泛应用。

许可营销比未经许可的营销具有明显的优势，它可以有效减少广告对客户的滋扰、增强与客户的联系、提升客户的忠诚度。

许可营销的原理很简单，就是在推广产品或服务之前，先征得客户的许可，然后通过电子邮件的方式向客户发送新闻邮件、电子刊物等，同时附带一定数量的商业广告。

（1）获得客户的许可

有调查发现，客户在网上寻找所需产品时，电子邮件发挥着相当重要的作用。有76%的客户了解产品或服务的主要方法是直接搜索和访问该企业网站，有58%的客户是通过许可邮件的方式了解这些信息的。

如何实现许可营销？大体上有五个基本步骤，如图6-3所示。

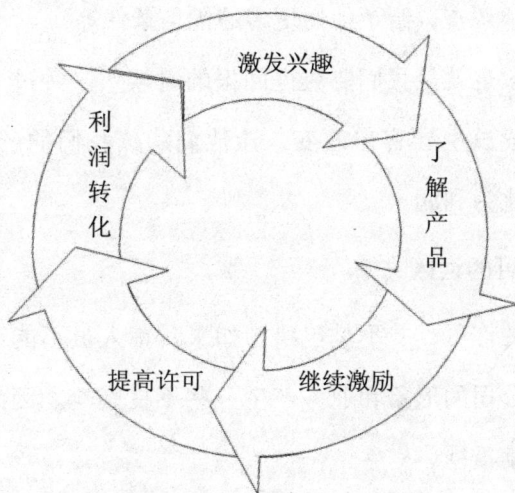

图6-3　实现许可营销的五个基本步骤

首先，要让目标客户有兴趣并觉得可以获得某些价值或服务，从而加深印象和注意力。

有一些企业在要求客户注册为会员或者填写在线表单时，会询问是否希望收到定期或不定期发送的最新产品信息，并给出一个列表，让客户选择他希望收到的信息类型。

这些客户对于某些方面的信息还是有一定需求的，因此，只要对方给出明确的个人信息保护政策，还是有一多半的人愿意为获取个性化服务而提供个人信息的，明确表示不愿意接受信息的人不到1/4。

其次，当目标客户产生了兴趣之后，应该利用他们的兴趣点和注意力，为他们提供一套演示资料或者教程，甚至可以试用产品，让他们更加充分地了解公司，了解产品或服务。

再次，当客户明确表示加入许可的行列之后，应该继续提供激励措施，以保证这些目标客户维持在许可名单之中。

另外，要在为客户提供更多激励的时候，获得更大范围的许可，比如邀请他们参与某项调查，给予他们更多的优惠条件等。

最后一个阶段也就是我们要获得回报的时候了。经过了前面几个阶段的积累，就可以尝试引导客户改变，让他们购买我们的产品，只有这样，才能够将许可转化为利润。

（2）注意许可的误区

客户对邮件的许可，并不是包票。如果营销人员不能正确地进行许可营销，同样会对公司的形象和业务产生一些不良影响。因此，我们需要对一些误区引起高度重视。

首先，要保护客户的个人信息。客户之所以有时候会放弃注册，除了问题太多、时间太长等原因外，最主要的原因是害怕个人信息泄漏。因此，我们必须对此作出承诺，而且有切实的保护措施。

其次，维护客户忠诚。对新客户我们肯定要及时跟踪，但也不能"有了新朋友，忘了老朋友"，一定要懂得维系与老客户的关系。

开发一个新顾客的成本可能比留住十个老顾客还大。这个道理基本上每个营销人员都知道。我们要对忠诚的客户投入更多的服务，甚至是个性化的优质服务，给予他们更多的价格优惠，以及良好的沟通，而不要向他们收取更高的费用。如果不注意维系客户，我们的客户迟早有一天会转投到竞争对手的怀抱。

再次，不要把许可认为是一辈子的事情。现在基本上所有的电子商务网站都会要求客户在购买产品的时候进行注册，否则就无法下单。尽管说这种方式是必须的，但是这并不是说这种网站就可以随时向会员发送商业广告邮件，而会员们则一点选择权都没有，只能被动地接受。

当一个会员不再需要这家企业的服务时，或者对该企业心存不满、不信任时，完全有理由退出。否则，客户只能增加对企业的厌恶感。因此，我们一定要让邮件具备退订功能，或者讲明退订方法。从本质上说，不能退订的邮件或者没有明确告诉用户退订方法的邮件都是垃圾邮件，即便是客户允许的，也不例外。

8. 让邮件具有一定的特色

一个企业老总对我说：邮件的打开率能达到3%~5%就已经算是相当成功了。再说，邮件有什么可以发挥的地方？太狭窄了，要考虑主题、内容、产品展示、发送频率、发送对象，一个不周到，就可能影响营销效果。

有这种想法的人为数不少。虽然不少的企业都将邮件营销当成了必备的营销手段，但似乎都不怎么抱希望。确实，电子邮件的打开率低于1%都完全有可能。大多数的邮件可能直接被删除了。这让人觉得要把邮件营销做起来，简直难于上青天。

但是，我们看看，在国外还是有不少成功的例子。他们都是以电子邮件为主要营销手段的，而且做得风生水起，邮件营销简直成了他们的核心竞争力。

案 例

（1）Groupon

Groupon 是一家美国团购服务提供商，它的电子邮件订户多达1.15亿，邮件打开率更是高达66%。就产品而言 Groupon 没有什么特别之处，它提供的就是产品和服务折扣。

然而它有一个独特之处，就是对于各类特惠产品的非凡描绘。虽然每家公司都会对产品进行描述，但 Groupon 对此从来不接受，而是亲力亲为打造带有自己特色和风格的描绘。

有着音乐家、诗人、演员、记者背景的写手和编辑们每天都绞尽脑汁地进行语言提炼。经过他们创作的产品描述，绝对不含有任何陈腐老套的商业气息，有的带点文艺范儿，有的带点幽默感，每一条都能吸引客户们打开邮件。

（2）Travelzoo

Travelzoo 是一家美国老牌互联网公司，是一个在全球都非常值得信赖的在线旅游精选特惠推荐平台。他们同样是邮件营销的高手，在全球拥有2400万高质量订户。

Travelzoo 在全球有250位旅游专家。这些专家会根据产品价格、隐性成本、适用时间等多个因素，每周精选出20个最具有吸引力、最具性价比的特惠产品。然后，公司会发一封标题为《本周 Travelzoo Top20 精品推荐》的邮件给这些订户。邮件会定期在每周三向订户发送。在邮件中，只有文本，没有图片，而且格式永远不变。

Travelzoo 的特惠旅游套餐推荐一般都有共同的主题。而且，他们会在世界各国选择不同的旅游特惠套餐，用当地的语言发送给当地的订户。这些旅游产品有时候是重复的，那些人们最常去的旅游目的地往往会被多次提及。不仅如此，他们还会提供来回航班、酒店低折扣套餐、旅行社组团计划等信息，供大家参考。

这两家公司都是帮助企业向目标客户提供特惠产品的第三方平台，虽然在具体的运作模式上有各自的特点，但有一点是相同的，他们在电子邮件的产品描述上都别具特色。

Groupon 的电子邮件以独特的产品描述见长，Travelzoo 的电子邮件以超值的旅游套餐为核心。他们关心的事情都是目标客户们最感兴趣的东西。这些才是邮件营销的真谛，这样才能让对方形成阅读习惯。

我们在设计邮件的时候，一定要有自己的创意，有自己的特色，有自己的拳头产品，像 Travelzoo 的每周 Top20 精品推荐一样，这种创意、特色和拳头产品，往往会成为吸引客户采取行动的理由。

9. 尽量使用公司邮箱

我建议大家在进行邮件营销的时候一定要使用公司邮箱，这不是说只能使用唯一的一个代表公司的业务邮箱，也可以是那种带有企业域名的邮箱。

（1）代表公司形象

有不少人和企业现在用的是免费邮箱。如果是个人，用免费邮箱没有关系，无论做什么，基本上都不会有影响。如果是企业，就不同了。我们想想，如果有一天有人发来一封邮件，自称是 IBM 中国副总，但用的是 QQ 邮箱，这个人有多少可信度呢？

换做我们也是一样，如果我们说自己是全省 10 强企业、全国 500 强企业，但用的是免费邮箱，对方一定会这么想：一家有十几家分公司、有着上千名员工的大集团，怎么会用免费邮箱？公司这么有钱，怎么连一个公司邮箱都舍不得用？

在邮件营销中，我们没办法和客户面对面交流，用免费邮箱交流会让客户觉得我们太不专业了，不像个公司，倒像是个零售商，或者是开网店的，说得俗点儿，就是个个体户。

从另外一个角度来说，公司所有员工都使用以企业域名为后缀的企业系统邮箱，能够从上到下保证企业品牌形象的统一。我个人建议连那种带VIP的邮箱都不要用，毕竟那也不是自己网站的专有邮箱。至于邮箱的用户名，用员工的姓名就可以了。公司统一对外宣传的邮箱用户名，用公司名称或者名称缩写比较合适。

相对来说，企业邮箱比较安全，不容易被客户那边的邮件系统认定为垃圾邮件。而免费邮箱的最大问题就在这儿了。如果用的是免费邮箱，很有可能邮件根本到不了客户的收件箱里。实在不行，也可以用 msn 邮箱，这种邮箱的通用性比较好。

（2）提高工作效率

一家大型电子设备公司的网络总监这样评价企业邮箱："统一使用企业邮箱，企业可以方便地备份、监控和管理业务邮件，防止邮件丢失；企业邮箱可以方便地自行管理，可以自由命名、分配容量、自行群发、分组、修改密码、设定功能限制，这些都是个人邮箱无法比拟的。同时，企业邮局的群组等功能，提高了工作效率，增进了内部沟通和协同办公能力。"企业邮箱更加适合于商用。使用企业邮箱，对于提高工作效率来说，确实非常明显。

企业申请了自己独有的域名之后，不必投入什么费用就可以非常方便地建立以域名为后缀的企业邮箱。我们既不需要购买硬件或软件，也不需要配备网络管理人员。

有些企业会直接为每个员工分配带有公司域名的电子邮箱。所有的员工在工作中，尤其是对外的工作中，都用这种邮箱来联络。从企业的角度来说，往往会有一个邮件管理系统，可以随时开设或关闭这种邮箱，方便企业的统一管理。当员工离职时，企业邮局可以顺理成章地收回邮箱，保留所有的业务联系、资料，便于业务移交，并避免某些不必要的损失，比如，避免企业信息泄漏，避免客户资源流失等。

从另一个方面来说，个人邮箱确实很实用，有很多的服务项目，但是这些服务大多不是针对企业的，而是方便个人使用。企业邮箱比较贴近企业本身的特点，利用企业邮箱的一些高级功能能够实现自动分拣、自动解答、协同办公，这必定会大大提高邮件整理效率。

最后，企业邮箱在安全性、稳定性以及防病毒、反垃圾邮件、防钓鱼木马等方面远高于个人免费邮箱。

第七章

视觉营销

一、视频营销：巧妙植入广告，成功引爆网络

比尔·盖茨曾经断言：互联网将在五年内取代传统电视。虽然看起来在短时间内这个断言不会实现，但是从现在的情形来看，互联网对于电视、广播等传统媒体有着相当大的冲击。而网络视频，自从进入人们视线的那一刻起，就以其鲜活的魅力，迅速抢占了互联网的高端位置。随着网络视频的逐渐成熟，其重要性已经不容忽视，会有越来越多的个人和企业从中受益。

1. 视频广告与电视广告的 PK

对被传统电视广告禁锢了眼球的网民来说，那种拍客拍摄的短片、有创意的网络广告，因其亲民性、娱乐性更加受欢迎。如果运用得当，视频可以成为相当有力的网络营销法宝。

这里所说的视频营销，其实应该叫做网络视频营销，因为它是以互联网为传播平台的，具体的形式是在视频前、中、后植入广告。这种营销方式，既有电视广告的感染力、形式与内容的多样性，又有网络营销的互动性、传播主动性和快速性。

为什么现在国内外，有许多公司都开始尝试网络视频广告？就是因为与传统的电视广告营销相比，视频广告在很多方面都表现得十分优秀。

（1）成本低

可能这是大家选择视频营销的最直接原因。一条电视广告，动辄需要

投入几十万、上百万，甚至上千万、上亿的资金。换成视频广告，可能几千块钱就搞定了，不需要大明星，不需要大制作，在网站上传播也是免费的。

网络广告公司 Burst Media 通过研究表明，56.3% 的在线视频观众可以记起视频里的广告内容。这说明视频广告有着超高的性价比。在这种情况下，那些准备削减广告预算的公司，必定会向视频营销投怀送抱。

（2）目标准

一般的电视广告，不管我们愿不愿意，不管我们是不是目标客户，它都照播不误。大多数人都不会关心这支广告到底是做什么的，甚至会对它特别反感。

视频广告往往能够比较准确地找到我们想找的目标客户群。比如，在 YouTube 网站上有一个"群"的设置，在这里，有相同视频兴趣的网民们会比较集中。我们就可以利用这种群的影响，在特定的群投放广告。如果这个群是汽车爱好者，我们就可以投放汽车、汽车俱乐部、汽车美容等方面的广告。这样做往往能够取得不错的效果。

（3）互动性强，主动传播

网络营销的高互动性，也被视频营销继承了。网络用户不只是单纯地看视频，还可以和上传者、网站编辑通过回复的方式互动。网友的回复与讨论，从另一个方面也为该视频造了势，而且回复和讨论越多，争议越多，视频的点击量越高。

如果视频广告够精彩，够吸引人，网友们还会放到自己的博客、QQ空间、微博或者其他论坛中，义务、免费地帮助我们传播，让更多的人看到、知道。电视广告根本不具备这个优势。

（4）传播神速

视频广告在网络上的传播堪称神速。一个非常有趣的视频，可能一夜之间，点击量就会高达十几万人次。

案 例

2011 年，曾经有一段名为《乾隆来了之炒股遇见鬼》的视频在网上走红。起初，这个视频只是在优酷里被少数网友传来传去，但接下来，短短几天时间里，它在各大视频网站被点播超过 50 万次，社区论坛的网页浏览量达到 20 万次，微博转发超 1 万次，在开心网和人人网也登上热门版，在其他各大社区论坛，也被推荐到首页。

在时长只有 8 分钟的视频里，融入了《2012》《猿族崛起》《帝国的毁灭》《007 之黄金眼》《非诚勿扰》《窃听风云》《唐伯虎点秋香》《疯狂的石头》《大腕》等许多经典电影镜头；奥巴马、卡扎菲等热门人物的恶搞段子也被融入其中。

最后，在《帝国的毁灭》新台词中，一句"您知道钱龙黄金眼炒股软件吗"让所有的人恍然大悟。

这个视频无疑是非常成功的。它先传上优酷，后来由于其滑稽、搞笑的情景和对话，在各大视频网站，在人人网、开心网、微博等最有影响力的社交网站传播，形成了传播热潮。虽然看过视频的人，都知道这个视频是广告，还疑似炒作。但是，大家还是觉得它非常有创意，值得顶。

2. 别把视频做成企业宣传片

不知道大家是否看过这样一个视频：

案 例

一群胖乎乎的、穿着纸尿裤的可爱宝宝，竟然穿上了旱冰鞋，在纽约中央公园滑起了旱冰，他们翻跟斗，跳栅栏，大跳 hip - hop，甚至作出了一些大人都做不出来的高难度动作。

这个视频其实是法国矿泉水品牌 Evian（依云）的视频广告。视频中有一个非常明显的广告痕迹——一个宝宝穿着旱冰鞋表演绕桩，依次滑过几瓶 Evian 牌矿泉水。视频上传之后，短短时间在 YouTube 上的点击量就已经达到四五百万次，最终创造了亿万级别的点击量神话，并入选吉尼斯世界纪录。

这就是植入式的视频广告营销。如果当时他们把 Evian 矿泉水做成企业宣传片，会是什么效果呢？

企业宣传片一般是这样的：企业自主投资制作，主观介绍企业发展历史、主营业务、产品范围、企业规模等，有点像纪录片。企业宣传片基本上都是一板一眼的，虽然有些片子制作得也很精良，但跟上面这种巧妙地将企业或产品的名字植入有创意的视频广告方式相比，始终缺乏活力。

虽然每个企业的老总都希望自己的视频能够充分展现企业的现有发展状态，但是那种视频是不适合放到网上的，只能放到公司的官网上。如果我们把这种片子传到网页上，可能根本就没有人点击，更不用说创造万级点击量了。

3. 选择最适合的广告形式

2010 年，乐视、酷 6 等视频门户网站先后在国内外创业板成功上市，其流量也随之水涨船高。不少品牌，都将目光投向了视频广告。甚至，有知名互联网研究机构表示，视频广告将成为今后网络广告市场增长的主要驱动力。

曾经有人做过一个调查，被调查的对象都是普通网友。调查的话题主要包括：如果在搞笑视频中添加广告，会继续看视频吗？如果是看到一半的时候插播广告，会等广告结束继续看视频，还是会选择跳过？如果视频广告不超过 10 秒，是跳过，还是等待广告结束？是否会认真看网络广告？

调查结果显示：第一个问题，32% 的人会继续看，43% 的人觉得无所谓，25% 的人选择"转台"。第二个问题，24% 的人愿意等广告结束，65% 的人选择不一定，11% 的人会跳过。第三个问题，61% 的人会等广告结束，33% 的人选择不一定，6% 的人选择跳过。第四个问题，32% 的人会认真看广告，61% 的人选择不一定，7% 的人不会认真看。

这些数据说明：①网友对于插播广告的行为还是可以接受的；②网络广告更能锁定眼球，中间"转台"的人很少；③如果是中间插播广告，时间不要太长，10 秒左右即可；④完全不会看广告的人很少。这是电视广告不可比拟的。

通过这项调查，我觉得视频广告在吸引眼球方面的作用无需置疑，那么我们就完全可以利用这种低价格的广告方式。

（1）视频内嵌

内嵌广告是视频广告最常用的方式。土豆网、优酷网、六间房等视频网站，PPTV 和 PPStream 等知名播放器经常出现这类广告。

内嵌广告，可以放在视频播放前、播放中、暂停时或播放后，一般长度为 15 秒到 30 秒。网友们虽然不是特别喜欢这种方式，但对于普通网友来说基本上不会跳过，除非是付费用户。

（2）网页内嵌

流媒广告是镶嵌在网页中的。比如，搜狐、网易、新浪等一些网站的视频频道都有这样的广告。有的时候，流媒广告会显示在网页的固定位置，比如视频的左右两侧，有的时候，流媒广告会在打开视频网页的一瞬间出现。

这种广告的最大好处是不会影响用户们收听、观看，但会让用户在收听和观看的整个过程中都能看到。而且，这种广告一般是带有超链接的，只要点击广告板块，就会链接到相关的网页。

（3）局部覆盖

这种广告也比较常见，主要以文字或图片的形式，在视频播放过程中覆盖某个局部。广告的部分有的带超链接，有的不带。

（4）内容植入

这种形式的广告比较巧妙。这种广告一般有着比较强的故事性，是最受企业欢迎、最让网友们接受的广告形式。

在内容植入广告方面，大众汽车的《星球大战》广告是一个很好的例子。在广告中，一个小男孩装扮成黑武士，不停地对跑步机、狗狗、玩具、洗衣机等"发功"，但是都没有奏效。小家伙很失望。小男孩的爸爸开车回来了。小孩儿还是不死心，又对汽车"发功"，结果车灯竟然亮了——是小孩儿的爸爸遥控的。这时候，人们还看不出来端倪，直到最后出现大众汽车的标志，大家才恍然大悟。

这种广告形式真是别具一格、创意十足。如果我们把广告做成这样，会有哪个网友不喜欢呢？

4. 制作视频其实很简单

在制作视频的时候，我们可以选择三种基本方式。

（1）拍摄视频

主要是用 DV 或者摄像机进行拍摄，拍摄完之后再进行剪辑。当然，在制作视频的时候，为了增强视屏的热度，我们也可以进行整合，可以借用很多时下比较流行的音乐、图片、影视视频的桥段等。

前面提到的《星球大战》广告就是实景拍摄出来的，《乾隆来了之炒股遇见鬼》则是剪辑了众多大片。一条比较复杂的视频广告，可能还需要配音、配乐、特效、合成等技术，可能需要找专业的广告公司制作。

（2）制作 Flash 动画

这种动画可以将音乐、声效、动画和有趣的界面融合在一起，以制作出高品质的动画效果。可能有人看过这样一个 Flash 动画，名字叫做《伤不起，我亲爱的培训经理》。动画里，一身红的小动画人物替培训经理大倒苦水。看完之后，才知道原来是培训点评网的广告。

（3）制作三维动画

三维动画完全是在计算机里制作出来的，非常具有立体感。三维动画广告能够进行全方位的展示。一些网页游戏商、房地产商，经常会用这种形式的广告来刺激网友们对产品的视觉感受。

视频制作完成后，如果公司网站的后台服务器有足够的支撑力，那我们就把视频添加到公司的网站上。更多数情况下，我们可以通过视频网站来上传，然后再转贴到博客、微博、空间等处。

我不是特别提倡将视频添加到自己的网站上，因为这可能涉及很多的技术问题，比如选择播放器、文件的存储格式、视频的管理、数据分析等。相比之下，优酷、酷 6 等专业视频网站就方便多了。这些网站不仅提供上传，还提供很多管理视频的工具，用以优化和提高用户的体验度。

5. 视频一定要有创意

视频营销是什么？它是将有趣、有用、有效的"三有"原则与"快乐为王"原则相结合的创意营销。这也正是越来越多的企业选择它作为营销手段的最主要原因。

有人可能觉得，都是视频的形式，把电视广告直接搬过来不就 OK 了嘛。实际上不是这样的。那些在互联网上点击量过万的视频都是相当有创意、有特色的，对于视频营销来说，没有创意，就没有点击。比如，百度的"唐伯虎"广告，堪称网络视频营销的典范。尽管这个视频有些过时了，但其别具一格的创意精神，还是非常值得我们学习的。

案 例

短片的主角是一个周星驰版的唐伯虎。

短片一开场就给很多人出了一道中国经典断句难题"我知道你不知道我知道你不知道我知道你不知道"。

一个老外说"我知道"。"唐伯虎"出现了，对老外说"你未必知道"。然后通过几次不同的断句方式狠狠地嘲弄了那个只晓得"我知道"的老外，不仅如此，还把老外的女朋友勾到了手边。

最终，老外吐血倒地。这时，屏幕上打出一行大字：百度，更懂中文。

原来这是百度的一则广告！

像这样的广告肯定是不能上电视的。但是，在网络上，它就产生了无法想象的影响力：百度不需要发一篇新闻稿，也不用刻意做宣传，只是让自己的员工发电子邮件和朋友分享，并在一些小网站挂出链接，仅仅一个月，就创造了 10 万以上的下载量和在线观看量。没过多久，这个数字就增加到了 2000 万。

为什么这种广告意图如此明显的视频能够获得这么多人的"芳心"呢？我觉得"真相只有一个"，这个视频太有创意了！

视频广告归根到底也是广告。广告没有创意，就失去了生命力。视频广告对于创意的要求可能更高。现在互联网上的创意实在是太多了，没有创意的视频广告，很难杀出重围。

视频的创意主要体现在巧妙地嫁接和转化上。虽然制作视频的目的是做广告，但是我们又不能直接暴露出来，必须在该产品上嫁接一些和它没有内在联系的内容，让大家不自觉地接受。

视频的创意，简直是可遇而不可求。一个好的创意，不是我三言两语就说得清的。它既包括整体的策划，又包括细节上的设计，包括结构、节奏、台词、画面、演员等多个方面的良好融合。

6. 搞笑、人情与猎奇是视频的必杀技

一支优质的视频广告，一定是能够让人愿意彼此分享的。那么，这个视频就必须具有独特、新颖、有创意的内容。网上的信息已经让我们应接不暇了，如果不能在最短的时间内抓住大家的眼球，可能我们的信息就被淹没了。虽然网友是有耐心的，但是这个耐心是有时间限制的，一般只有 1～3 分钟。我们要想把握住机会，首先就要掌握搞笑、人情与猎奇这三大必备必杀技。

（1）搞笑战术

YouTube 上有一个视频，叫"如何在 YouTube 上现眼"，仅仅两天就吸引到了 40 万的观看次数。在视频中，一个顶着鸟窝头的年轻人在镜头前完成了各种各样悲剧性的演出，似乎命运在任何时候都与他作对。人们在看热闹的心态驱使下，竟然把这段视频"点"上了排行榜的第一名。

当视频结束后，人们才恍然大悟，原来这是索尼"不可否认的电视"（Undeniable TV）的宣传广告。

其实这段视频看起来没什么技术含量，跟以前我们经常在电视上看到的家庭滑稽录像差不多。但是这支广告硬是在排行榜上夺魁，不是因为别的，就是因为它实在是太搞笑了。这种搞笑的视频永远都会带给人们快乐，人们因此愿意当义务宣传员，免费帮企业传播。

（2）人情战术

中国人最讲人情，只要跟人情沾边的视频，一定会大受欢迎。为什么很多人在看韩剧的时候虽然眼泪哗哗流，还是要看，就是因为很多韩剧太会用人情抓人心了。人情战术，在广告界也是屡试不爽。

在 2012 年春节的时候，百事打了一把人情牌，而且是我们最在乎的亲情牌。

广告短片聚集了张国立、古天乐、周迅、罗志祥、张韶涵、霍思燕等几大当红明星。张国立饰演独自在家的父亲，周迅、罗志祥和张韶涵饰演在外的儿女，古天乐、霍思燕甘当配角。

短片讲述了古天乐巧妙地借助百事产品让三个孩子回家过年的故事。最终大家过了一个暖意又快乐的新年。通过这个短片，百事不仅赚了人们大把的眼泪，还赚了大把的"银子"。

传递一种真情，以情系人，用情动人，一定能够达到很好的宣传造势目的。因为往往人们看到视频的时候，已经不在乎是不是广告了，即便知道是广告，也愿意看。

（3）猎奇战术

猎奇是每个人的天性。就像前些年流行过的一部电影的名字一样——《好奇害死猫》，光看名字，可能就有很多人想跑到电影院里去看这部电影到底讲得是什么东西。一个视频，如果能够满足大众的猎奇心理，自然就有了卖点和看点。

从这个角度来说，广告视频背后的故事也是营销的一种手段。

7. 允许搞笑，拒绝恶俗

当电影《无极》正在热播时，网络上又出现了另外一个版本的《无极》，不过名字换了，叫做《一个馒头引发的血案》，这堪称史上最强的恶搞。作者胡戈，凭借这个恶搞短片在网络上迅速走红。

其实，在"馒头"走红之前，网络上已经有过不少的恶搞短片，比如《大史记》《大史记Ⅱ分家在十月》《网上惊魂记之移动大战联通》等，都曾经一度引发网民的热切关注，只是在风头上，"馒头"借着《无极》更加飘红于网络。

恶搞，说白了，就是恶意搞笑。以前大家都特别喜欢看周星驰的喜剧电影，那种无厘头的表演风格，有很多地方都有恶搞的因素，但是，对于这种风格，我们很多人都能接受，而且非常喜欢。为什么？就是因为恶搞有特别强的生活化和平民化特性。

现在，网络上流传着相当多的恶搞短片，比如，《西游记》恶搞系列、春节购票短片、后舍男生系列短片、《我知三八心》等。说得绝对一点，一个视频没有点恶搞成分，很难吸引大量眼球，吸引网友们主动转发。既然如此，我们就完全可以把它当做一种吸引注意力的营销手段。事实上，借助恶搞的方式宣传和推广，早已被众多的企业采用了。

案 例

电影《赤壁Ⅱ》还没公映的时候，网上就出现了一段长达15分钟的山寨版《赤壁Ⅱ》。

山寨版《赤壁Ⅱ》同样是讲述火烧赤壁的故事，但是其中现代元素迭出，笑料不断。例如：当诸葛亮召唤飞到曹营的间谍白鸽时，天上居然掉下来一只烤熟了的鸽子；周瑜提出用空袭的办法来对付曹操时，诸葛亮问他是看了哪本兵书，周瑜竟然一本正经地说是《易中天品三国》；谈到借东风一事，诸葛亮信心十足地告诉刘备，根据他QQ上的天气预报，三天之后必有东风。此类的桥段在山寨版中还有很多，诸如诸葛亮没有草船借箭，而是派张飞诈降；曹操败走华容道，小乔现身，大施美人计，等等。

毫无疑问，这个视频短片《赤壁Ⅱ》，虽然是山寨版的，虽然是恶搞的，但网友的情绪丝毫没有受到影响。土豆、酷6、六间房、优酷、播客等视频网站纷纷转发了该视频，新浪、网易、雅虎等门户网站也不甘居后。

后来人们才发现，该视频的制作者是购买了《赤壁》内地网络发行版权的北京激动影业有限公司。山寨版《赤壁Ⅱ》实际上是配合即将上映的正版《赤壁Ⅱ》而制作的造势短片。通过这种恶搞营销，人们对《赤壁Ⅱ》的关注被提上了一个新的高度。

相比灌输式营销，恶搞营销更容易让人接受。恶搞营销成本低，企业只需支付很少的费用，就可能取得"四两拨千金"的宣传效果。恶搞的视频因为好笑而好记，容易一炮走红。因为借助互联网进行传播，传播速度快，恶搞的影响力比较大。小小的恶搞，一旦受到很多人的关注，就能产生巨大的宣传效果。

在具体操作的时候，我们注意不要把恶搞变成恶俗，甚至是恶心。恶俗、恶心，虽然也会让人关注，因为它同样一反常态，但是同样容易招人鄙视。而且，恶俗、恶心的视频广告会有损品牌的美誉度。对于恶心的广告，虽然大家看久了，会像《大话西游》里的那句话一样"吐啊吐啊就习惯了"，但是这终究会影响我们的整体形象，不利于建立长期的品牌形象。

8. 让更多的人看到你的视频

视频制作完毕，怎样才能让更多的人看到？核心战略是想办法挤进视频排行榜，甚至位列排行榜一甲。以 YouTube 为例，每天至少有数千万视频被观看，通常人们选择视频都是从点击 YouTube 主页上的视频频道开始的。而排在每日最热视频排行榜里的视频，点击量总是居高不下。

因此，我们就要把目标锁定为视频排行榜，而且排名越靠前，点击量就会越多。如果成功了，我们的视频将不再是视频大海里的一根绣花针，而是定海神针。

如何才能让我们的视频成为受网友喜爱的视频？可以从以下几方面入手。

（1）上传到博客

如果我们已经开通了企业博客，而且同博友们已经建立了不错的关系，就可以把视频发到博客上，并争取博友们的支持，上传到尽可能多的博客上。

（2）植入论坛

我们可以在论坛里的某一个相关主题下发新帖，传视频。这时候，"马甲"就发挥神效了。如果有相当数量的"马甲"，虽然工作很琐碎，会耗费不少的时间，但一定会产生惊人的效果。

（3）发到社交性网站

原则就是分享、分享、再分享。在社交性网站里，我们可以邀请所有的朋友分享视频。如果视频帖子够搞笑、够创意，相信大家都会愿意转发。

（4）发电子邮件

把视频发给电子邮件列表上的所有人，包括客户、朋友、合作伙伴、公司员工等所有的人。如果大家愿意接受，这会是一个非常有效的策略。

总之，要让尽可能多的人通过各种渠道和方式看到我们的视频，这样才会有更多的人去转发。不过我们要注意速度，一段视频从上传至网络，到能不能成为热门视频，能不能进入排行榜，这中间留给我们的时间并不长，如果行动不够快速，可能视频传上去，就已经沉底了。

9. 用关键词作为标签

前面我说过很多次，做网络营销必须进行搜索引擎优化。做视频营销也要进行搜索引擎优化，优化的手段仍然是匹配关键词。

很多人都喜欢在百度视频里搜索自己想看的视频。通常，我们都会输入一个词，或者是该视频的名称。这些都是关键词。现在基本上每个视频网站在上传视频的时候，都会设计标签，这样就能让我们的视频出现在相关的搜索结果里。

那么我们怎样才能策略性地贴标签？首先，要选择三四个关键词作为标签，这些标签不能模棱两可，最好是明确的，如果是独一无二更好。有了合适的标签，我们的视频才能排到搜索结果的前面。如果视频已经上传了一段时间，网友的点击量已经逐渐减少，我们可以给视频添加一些比较普通的关键词标签，如一些长尾关键词标签。

我在前面讲过一种关键词，叫借力关键词。在为视频制作标签的时候，也可以使用借力关键词。如果我们制作的视频借用了一些最热门的歌曲、电影或电视剧，就可以把标签制作成这样的格式：歌名或影视剧名、歌手或主演名、品牌名称、公司名称、泛关键词。当一首歌、一部电视剧或一部电影比较热的时候，会有很多人进行搜索，我们用这些词来做关键词，同样会增加视频的访问量，从而达到预期的宣传效果。

二、图片营销：让用户成为你的免费推销员

图片营销现在已经成为人们常用的网络营销方式之一。在用 QQ 聊天、看帖子、浏览网页的时候，我们时常会接收到朋友发过来的有创意的图片，常常在帖子和网页新闻上看到以图片为主的帖子。这些图片，大多会

有一些广告信息，比如在图片右下角带有公司网址、公司名称等。这其实就是最常见的一种图片营销方式。如果有创意，图片同样可以产生良好的营销效果。

图片营销，我们在生活中见得很多，广告牌、广告灯、车身广告等，都属于图片营销。不过这种广告一般都要花大价钱，网络图片营销则不然，它不仅能够帮助我们省钱，还能够达到更佳的营销效果。

1. 图片比文字更"养眼"

心理学研究表明，在人所接受的全部信息当中，有83%来自视觉，11%来自听觉，其他6%来自于嗅觉、触觉和味觉。这说明人有着相当高的视觉感受力。这就给营销提供了一条重要路径——视觉营销，即用视觉冲击引起客户们的消费欲望。

有创意的图片，恰恰就是提升消费欲望的法门。图片比视频更简洁，比文字更形象，比声音更具体。有创意的图片，能够让人带着放松、幽默、享受的心情欣赏艺术，而不会把注意力集中到营销上。这种直观的营销方式，会弱化营销的商业性，瞬间让人记住产品或是图片所宣传的思想。有时候，视觉就是这样神奇。

案 例

在网上曾经流传过这样一组热门图片：

第一幅图，一位美女身体前倾扒在海边的栏杆上，一辆汽车在不远处撞到了栏杆，眼看着就要掉进海里。

第二幅图，一位美女从窗前走过，窗内的理发师只注意到了美女，没有注意到刮胡刀已经放到了顾客的脖子上，顾客则一脸惊恐。

第三幅图，修剪草坪的工人只看到了路上的美女，没有看到躺在草坪上看书的墨镜帅哥。

第四幅图，地铁即将驶出站台，列车员却只顾看站台上那位姿态优雅的美女，丝毫没有注意到危险来临。

这是英国知名时尚品牌 Wallis 所做的图片广告。这组广告图片的名称是"dress to kill"。什么意思？穿出来就是为了杀人的。这组图片和广告的诉求非常一致——时尚女性身着 Wallis，就是能够让男生为之注目，甚至引发命案。

其实，这种充满创意灵感的广告图片有很多，比如，公益广告图片"言语暴力同样致命"；联想的超薄笔记本掉进了下水道；具有超强人脸识别功能、能够拍到幽灵脸的尼康相机；放在消火栓里用来"灭火"的冰镇可口可乐；因为比消防队还快，所以能够运送消防车的联邦快递等。

像这种创意十足的图片，一定会在网络上形成很好的传播势头，进而产生良好的营销效果。至于说如何才能制作出超水准的创意图片，这就是需要我们进行智慧结晶的地方了。

2. 利用论坛和群传播

网络营销是创意加渠道的现代化营销方式。光有创意，没有渠道，等于美酒虽然飘香，却只能埋没在深巷里。要想图片营销达到预期目的，渠道非常重要。论坛、QQ 群，是进行图片营销的绝好战场。

（1）论坛传播

如果我问大家有没有人知道"最美清洁工"，估计大家都会说知道。为什么这么多人知道她？就是因为她借助了论坛这个平台。

案 例

在车展上，一位网友在为一对男女车模拍照时，忽然被背景中穿红色工作T恤的清秀女孩吸引。接下来，他的相机绕开职业车模，把镜头全部给了那位穿红衣的清洁工妹妹。

在这组照片中，清洁工妹妹非常尽职尽责地擦车、拖地，但微蹙的眉头让人感觉她心里很不好受，让人不禁对其顿生同情和怜爱。

随后，照片在论坛里被贴出来，引来上万网友浏览、跟帖，并被转发到很多知名论坛。清洁工随即在网络上迅速走红。许多网友对这位清秀可人的清洁工妹妹大加赞叹，甚至有人认为看到她就等于看到了"现实版的灰姑娘"。她还被网友们一致顶为是"史上最美清洁工"。

不止是"最美清洁工"，还有很多网络红人，比如龅牙哥、奶茶妹妹、度娘等，差不多都是因为其照片被发布到论坛里而红起来的。因此，如果我们想做图片营销，一个很好的选择就是发到论坛里。如果图片够创意，自然会有热心人免费帮我们宣传。

（2）QQ群传播

另外一个比较常用的图片营销渠道就是群。在网络世界中，大部分网民都在用QQ，基本上每个人都加入了一两个，甚至更多的QQ群，进行群聊。不管是正规企业群，还是业务交流群，总会有人在聊天时发几张图片，以增强QQ群的活跃度。群里的这些人有可能把我们的图片转发到其他群里，这样不断传播，我们的广告就会让很多人看到了。

这里有一点需要注意，发图片最好能够有针对性。比如，我是做网络营销的，那么我就应该加入一些网络营销QQ群，在这样的群里发图片。怎么找群呢？很简单。大家都应该知道怎么查找好友，类似地，我们只要点击"查找群",然后在"查找方式"中选择"按条件查找",输入"查找关键字"单击一下"查找"就可以了,至于查找范围,可以选择具体的范围,也可以不限制范围。这样,我们就能找到无数 QQ 群。

虽然说一张好的图片会被高速转载到网络的每一个角落,但是一个明目张胆打广告的图片是不会被转载的。如果在 QQ 群或者论坛里,我们发的图片上写着"××产品,限期优惠,欲购从速,电话×××,QQ×××",估计你的信息刚被发出去,你要么就是被群主踢出去了,要么就是被版主屏蔽了。

这也就是说,我们需要做广告,但我们一定要懂得做广告的技巧,要把广告做得有新意、有创意,不能过于直白,大张旗鼓,否则,只会惹人嫌。

3. 对图片进行搜索引擎优化

无论是传统的搜索引擎,比如百度、谷歌,还是门户网站的搜索引擎,比如搜狐、新浪,都有图片搜索功能。图片搜索和网页搜索一样,都是为用户提供相关资讯的搜索结果,都会有排名。如果我们的图片被排到了一百几十页之后,肯定不会有人看到的。因此,我们就很有必要进行图片的搜索引擎优化,以提高图片在搜索引擎中的排名,以及被搜索到的概率。

在做图片的搜索引擎优化之前,一定要明白一点,即当前的搜索引擎技术仍然无法读取图片中嵌入的文本。这个问题在未来相当长的一段时间内也未必能够得到圆满解决。也许我们制作的图片里有超吸引人的广告词,也有独一无二的关键词,但是,当前的事实就是如此,这些广告词、关键词确实没有办法让搜索引擎抓取到。

那么，怎样才能让图片获取搜索引擎的"芳心"呢？

第一，我们可以将图片保存为常规的 HTML 格式。说得学术一点，就是将图片转换成文字程序源代码。这一点，做老总的不懂没有关系，我们的技术人员懂就可以了。经过这样的处理，就可以让搜索引擎发现、认识、了解并完全解析图片的内容了。

第二，向网站提供更多的与图片相关的信息。经过调研发现，网页搜索与图片搜索有一个明显的不同之处，即用户在搜索图片时，可以花 30 分钟浏览 50 页的内容，但在搜索网页时，只有 30% 多一点的人会浏览到第三页。这也充分证明了图片对于人的影响力。

第三，图片的名称与文档相匹配。给图片取一个和文档相匹配的名称很重要，当搜索引擎不能准确确认图片的意义时，名称会给搜索引擎以帮助。

第四，图片的注释、说明和标签文字对关键词搜索同样很重要。我们要为图片加上正确的说明和适当的标注。

第五，为图片提供良好的上下文环境。除了在相册里的图片，一般的图片都会附在某一篇文章中。这时候，图片所在的网页以及图片周围的内容，比如说明文字或图片标题，都会向搜索引擎提供重要信息。关于标题、内容等地方的关键词优化，前面已经讲过了，这里不再重复。

4. 广告植入不要太明显

一张小图片，会产生大影响。只要我们的图片有相当的创意，并且巧妙地结合了企业或者产品的特点，就能够抓住人心，让更多的人喜欢，让更多的人传播。我们一定要在图片上大做文章，做大文章。

广告植入，简单说就是"借别人的鸡，生自己的蛋"。怎么借？我建议大家使用网络上转载率和曝光率高的图片来进行推广。比如，曾经流传很广的龅牙哥、改版的蒙娜丽莎，以及一些比较搞笑的 QQ 表情、动态图片或者恶搞的图片等，都可以拿过来用于网络图片营销。

大家在 QQ 群里应该见到过这样的图片：一个小卡通人物，好像叫悠嘻猴，举着一个牌子，牌子上写着某网站或论坛的名字和域名。大凡可爱的小卡通人物，大家都很喜爱。这样一传十、十传百、百传千、千传万，就能形成声势浩大的病毒传播。这样的病毒式营销，绝对是一种低投入、高回报的广告形式。

具体的广告植入办法很简单：在这些收集来的图片上，加上自己的品牌、企业 LOGO、网址、联系方式等信息，为图片加上相关的关键词或说明，然后广泛地外发出去就可以了。

至于发布的地方，除了前面说的论坛和 QQ 群，聊天室、微博、博客、邮件、网络相册等地方都可以发，而且越多越好。

5. 图片制作有讲究

我们一直在强调"内容为王"，但对于图片营销来说，广告图片的制作仍然起着不可替代的作用。

（1）注意图片质量

虽然说，图片的质量越高越好，但也要注意，质量过高的图片会大量消耗网站的空间，打开网页和下载图片的速度也会比较慢，这样就会减少用户的体验，因此，我建议大家在制作图片的时候，一般 100K 就可以了，一定不要超过 1M。

说到图片质量，就不得不说图片的尺寸。一般来说，图片的尺寸应该小于 600×450。我们一定要尊重用户体验。图片的最大尺寸不能超过一屏，就是整个屏幕的高度。而且，最好所有的图片都要保持一个规格，当然，可以竖着的一个规格，横着的一个规格，一定不要让人觉得排在一个版面内的图片杂乱无章。如果我们的图片是用在 QQ 群里的，那么图片和 QQ 秀一样大会比较合适，太小了，看不清楚；太大了，显示不全。

另外，图片的对比度要明显一些，这样一来，即便图片变成小尺寸，也能够有一个很好的显示效果。

（2）添加水印

有时候，用来做营销的图片需要我们自己拍摄。那么，我们就享有了这种图片的版权。对于这种图片，可以给它加上水印。这样做，一来可以防止我们辛辛苦苦拍摄的照片在网络世界里满天飞，甚至被别人加上水印，版权被别人抢走；二来可以在图片被搜索或被人转发的时候，增加自己网站的曝光度。无形之中，就为自己做了推广。

6. 有创意，有主题，才有吸引力

要做好图片营销，如果没有创意，没有主题，很难一夜火爆，除非我们大把大把地投入。不过这对于网络营销来说，可能太奢侈了，干脆去电视台黄金时段做硬广好了。

另外，不是所有的图片都有价值。现在，各种各样的"门"层出不穷，还有相当多的恶搞，这些图片有很大一部分是不适合做网络营销推广的，哪怕其中有不少图片也得到了相当高的网络关注。我们应该给大众一个合理的、有意义的舆论导向。这样才能通过网络营销，让企业与商家、网民达成共赢。

2011 年 11 月 02 日，是什么日子？有人说是中国光棍节的第二天。当然，这种说法纯属搞笑。这天是世界完全对称日。对于大多数人来说，世界完全对称日是一种对称数，在数学上称为回文数，实际上没有什么特殊意义，纯属巧合；有些人却可以拿它大做文章。我们来看这样一个网络热帖。

案 例

在这个帖子中，作者放上了很多图片：

第二幅图：渝中区沧白路，两名绿化工人一左一右，正在为新栽种的香樟树安装固定支架。

第三幅图：渝中区校场口，一位青年用手捏双耳来展示自己的新发型。

第四幅图：渝中区实验二小，双胞胎姐妹大余、小余一人拎着塑料袋的一边，正在观察妈妈为她们买的金鱼。

第五幅图：重庆市南滨路，拉着板车的工人脚下形成了有趣的倒影。

第六幅图：长江索道上两个轿厢擦肩而过。

第七幅图：双子塔、双子倒影和两堆沙丘组成了一组对称统一的画面。

第八幅图：一对新婚小夫妻手里拿着刚刚领到的结婚证。

第九幅图：棉花铺里的一对夫妇盘腿坐在操作平台上小憩。

第十幅图：在幼儿园的课堂上，一对双胞胎同时举手回答老师的提问。

那么，第一幅图呢？两名苹果店员正在用五台电脑展示他们的对称：左面两台小本显示的是"2"和"0"，中间一台大的台式机显示的是"11"，右面两台小本显示的是"0"和"2"。

　　这个广告做得顺理成章。苹果推出的新产品恰好就在这个世界完全对称日。如果我们不认真看，真的看不出来这是一个广告帖。他们做得实在是太有创意了。这些图片都是他们专门找人拍摄的，并且还为每幅图制作了非常吸引人的解说词。如果当初他们只是做了第一幅图片，可能根本就不会有太多人关注。

　　由世界完全对称日想到这样一个题材，非常有创意，非常了不起，非常值得我们学习。在这个帖子里，有一句话是这样说的："只要拥有一颗善于发现的心，其实，我们的城市处处充满和谐的对称之美"。我们也可以根据自身的产品、营销的主题来策划这样的帖子。只要我们同样善于发现，一样可以找出创意点。当然，这需要我们集思广益，甚至需要借助专业营销机构的智慧。

第八章

网络营销管理

一、管理建设：为网络营销准备一支强大队伍

只要企业有自己的官方网站，需要上传信息，需要进行内容更新，或者想进行论坛营销、微博营销与博客营销，这些事情最终都要落到具体的人身上。因此，我们需要配备相关的人员，去做这些具体的事情。一个强有力的网络营销团队应该有很强的网站维护技能、策划能力、营销与推广能力，并通过卓有成效的网络平台营销活动，为企业创造新的利润增长点。

1. 确定网络营销团队组建方式

搭建网络营销团队，不是说随便从销售部调两个精英过来就行，也不是说高薪聘请一个营销主管、营销总监就可以的。网络营销人员既要懂网络，又要懂营销，最关键的是要能够通过网络进行营销。

现在，很多企业都知道了网络营销的重要性，那么，对于那些资金不是特别雄厚的中小企业来说，怎样做才能更好地借力于网络？

通常，大公司都会建立自己的网络营销团队，他们实力强，能找到比较合适的高级网络营销人才。这一点，对于中小企业来说，可能有些力不从心。但这并不意味着中小企业不能做电子商务和网络营销。其实，中小企业既可以自己运营网络营销团队，也可以找第三方机构代运营。

（1）自己运营

我知道有一家小型企业，主要做传统的线下销售，他们也建立了网站，但网站的作用主要是进行线上咨询，以促成线下成交。他们的网络营

销团队就是自己运营的。从项目一确定，他们就开始招聘相关人员，最终组成了一支20人左右的网络营销队伍。

在这个营销团队中，各成员的职责很明确，有项目负责人、技术人员、执行人员、客服人员等。初期的时候，他们采用的营销方式是搜索引擎营销，也就是购买关键词，直接在网上做广告；后来，他们又开始关注搜索引擎优化，两者齐头并进。在这个团队中，并不是所有人都非常懂网络营销，但他们整体合作得非常融洽，每个人都能做好自己的本职工作。

我们也可以参照这家企业的做法，建立自己的网络营销团队。自己运营有诸多好处：团队成员是企业员工，他们肯定要比第三方机构更熟悉企业，更熟悉产品，而且沟通成本比较低，从长远利益来看，也非常有优势。

但是，自己运营也有一定弊端，其中最大的弊端就是不容易找到合适的人才，在培训、考核等方面也存在一定难度。

（2）第三方机构代运营

第三方机构代运营，也是比较常见的一种组建网络营销团队的方式。在采用这种方式的时候，我们也有两种选择。

我们可以选择完全外包。基本上自己企业内部不需要做什么实质性的工作，只需要给对方提供一些基本信息即可。这种方式比较适合刚开始做网络营销的企业，他们对网络营销不是特别了解，不知道如何下手。采用这种方式虽然费用成本比较低，但是沟通成本高，而且第三方机构不如自己的团队更了解企业和产品。

还有一种方式是请第三方机构作为公司的营销顾问，帮助自己建立网络营销团队。采用这种方式，一般企业会跟第三方机构约定一个合约期。在合约期内，企业的网络营销团队会由第三方机构"扶上马、送一程"，在他们的帮助下开展工作。

如果企业选择了一家非常专业、经验丰富的第三方机构，就能够从对方身上学到很多网络营销方面的知识和经验，这对企业来说是非常有益的。

至于说具体选择哪种方式，我们应该根据企业自身的情况，如企业规模、前期预算等来做抉择。如果选择与第三方机构合作，需要通过对第三方机构专业程度、从业经验和以及合作方式等的考量，来得出一个比较客观的结论。

2．网络营销团队的构成

就好比一个足球队有前锋、有中场、有后卫，大家各司其职一样，一个网络营销团队也必须要有网站编辑、网络推广专员，以及在线咨询人员等，而且，每个成员都应该清楚自己的岗位职责。

（1）网站编辑

网站编辑主要负责网站本身的基本运营及日常维护，比如撰写文章、编辑信息、上传内容、更新页面、清理帖子等。

（2）网络推广专员

他们的主要职责就两个字：推广。他们负责在网络上通过各种形式宣传企业和品牌，比如发微博、写博客、编辑词条、网络问答、在论坛发帖子等；还可以进行病毒式营销、事件营销以及新闻营销等。总之，那些能够为网站带来流量，能够提高网站覆盖率的所有营销方式都可以采用。

上面所说的推广方式都是免费的。网络推广专员还肩负另外一种职责，即进行搜索引擎营销，联系搜索引擎公司，在搜索引擎首页做广告。

（3）在线咨询人员

我们经常看到一些网站会弹出"在线咨询"对话框，咨询方式可以是QQ，也可以是电话。设置在线咨询人员，就是为了在线回答目标客户们的在线询问。这种方式有时候很能够吸引客户，因为它方便，不需要客户另行拨打电话。

这三种人员是网络营销团队的基本构成人员，如果企业没有那么大，不需要那么多的人，可以将相关的职能合并；如果企业有一定规模，还可以根据实际情况扩展人员，另外配备网站设计人员、网络营销项目主管等。

3．快速提升团队的网络营销力

在网络营销团队中，每一位成员都需要具备营销能力。这并不是说要让大家到各大网站上兜售产品，发网站链接，而是说大家要懂客户，懂怎样通过网络进行更好的营销推广。

作为网络营销团队，首先要了解网络，具备基本的网络知识，比如，对大众的搜索引擎比较了解，熟悉几大门户网站、论坛、社区的特征，了解博客营销、微博营销、视频营销等营销方式的基本操作。这是做好网络营销的基础条件。更重要的一点，我们要懂得如何利用网络平台去做营销，去推广企业与品牌，提高网站点击量，吸引更多的消费者。

换句话说，网络营销团队应该具备一定的市场意识。网络营销也是在做营销，尽管以内容为主，而不是以产品介绍为主，但离开了客户，照样没法生存。进行网络营销的时候，我们不仅要考虑到自身的利益，还要考虑到受众，也就是最终的消费者，甚至是普通网民的利益。

（1）充分研究客户

网络营销的直接目的是吸引网络用户，增加网站流量，并最终把网络用户转变成消费者，甚至是忠诚客户。

因此，我们要研究这些人的搜索习惯。很多人了解产品，了解企业官网，都是通过搜索引擎。如果是自己熟知的牌子，他们会直接输入公司或者品牌的名字；如果并不熟悉，他们会输入"哪个牌子的洗面奶比较不伤皮肤"或者"哪个网络营销机构比较可靠"或者"北京有哪些网络营销机构"等进行搜索。如果我们能够了解这些人的搜索习惯，并据此设定关键词，就能在一定程度上提高网站的浏览量。

确定了长尾关键词或者核心关键词之后，就要对网站、博客、论坛帖子的内容进行调整，巧妙地植入关键词。这样，既能够保证文章的可读性，也能够保证一定的营销效果。

（2）熟悉自己的产品

网络营销的最终目的是销售产品，为了吸引更多、更精准的客户，我们就必须熟悉自己的产品，能够提炼出产品的特点、卖点，并用有吸引力的词句展示给客户们。提炼卖点的工作可以交给网站编辑和市场推广人员一起来做。

（3）一定要优化网站

网络营销的广告意识，首先体现在网站的优化上。好的内容是网站优化的前提。好内容的标准是，网站内容丰富，而且新内容多。内容丰富的意思并不是说要让产品信息和销售信息占满整个网站，而是说要有各种各样的内容，既可以有产品介绍，也可以有知识拓展，还可以有国内外新闻、友情链接等。

新内容的"新"，不是说让我们天天敲键盘发原创内容，一些行业、产业的新知识，国内外发生的新事情，只要能够给客户带来新鲜感的，都可以放到企业网站上。这样内容独特、风格统一的网站，会更受客户们欢迎。

（4）尽力全面推广

我们应该尽量去推广企业网站。推广的方式有很多，营销团队可以到各大知名论坛、社区、门户网站做宣传，可以进行微博维护，可以进行搜索引擎优化，可以在网络上做硬广告，可以定向发送电子邮件，可以在网站上进行友情链接，等等。总之，能够提升网站访问量和知名度的方式都可以采用。

4. 策划有吸引力的网络营销活动

一个成功的网络营销活动策划方案，加上强有力的执行，很多时候都能在短期之内迅速树立品牌形象，成功吸引众多目标客户的广泛关注。

每逢过年过节，不管是实体店，还是网络商城，都会搞一些促销活动。降价销售、打包销售、购满返券、加价换赠、多件打折等都是实体商超、店面商家们最常用的促销方式。这些方式，网络营销都可以借用，只要使用得当，有吸引力，一样可以促进销售。

案 例

2009 年，Mr. ing 开展过一次大型促销活动。在众多的创意活动中，一篇软文脱颖而出，题目是《从意大利电影看男士着装》，内容是解读意大利言情电影《熟男，我爱你》中男主角各种时尚的打扮。文章最后说："我觉得这样强调透气性的休闲鞋也不错。从淘宝上发现的，用来搭配短裤或者牛仔裤挽边都还可以，样子过得去。"这样就直接和 Mr. ing 的淘宝网站挂钩了，并且还附有购买页面的链接。三个月内，文章中提到的那款透气男鞋销售达到 8 万双。

2010 年，Mr. ing 又一款男鞋隆重面世了。这款鞋还有一个非常有创意的名字——阮清风，原因是它柔软、清爽还轻便。Mr. ing 专为阮清风设计了一次秒杀活动，短短 4 个小时，一共卖出了 7888 双阮清风鞋。在这个活动的带动下，其他款式的鞋也销售了 2500 双。

对于网络营销来说，有创意的策划比产品本身更重要。现在的网购者以中青年为主，他们对有个性、有创意的事情比较关注。Mr. ing 开展的这些网络营销活动都非常有创意：在第一个活动中，他们巧妙地将自己的产品同一部受大家欢迎的电影联系在了一起，把软性广告做得非常到位。在第二个活动中，他们居然给一双鞋子取了一个古代大侠一样的名字，而且还设计了秒杀活动。类似的秒杀或者倒计时活动，是一些电子商城的惯用手段，虽然手段老旧，但是屡试不爽。

如何才能策划一次既有吸引力又能促进销售的网络营销活动呢？我认为，可以从以下几个方面着手。

（1）借平台

网络营销活动一定要有广泛的参与者。如果自己的网站有足够的知名度，当然可以自己做活动。但一般的企业网站可能没有那么高的知名度，没有那么大的访问量。怎么办？我们可以找一家比较权威的电商门户网站，借助他们的平台开展活动。Mr. ing 开展的网络营销活动，就是借助了搜狐和淘宝商城。这样的平台，有权威性和可信度，也有访问量，能够很好地打消人们的顾虑。

（2）要有趣

如果我们开展的网络营销活动干巴巴的，没有一点乐趣可言，参与的人可能会很少。怎样增加活动的趣味性？比较直接的方式是围绕网民关注的时下热点。

在 2011 年年末、2012 年年初的时候，电影《亲密敌人》为了做宣传，和腾讯 QQ 牧场合作，开展了一次 QQ 牧场带你看《亲密敌人》活动。通过活动界面，牧场玩家不仅能获得牧场奖励，还可以到 QQ 电影"亲密敌人牧场专区"购买 4 折电影票，甚至有机会获得 QQ 电影票、亲密敌人眼罩、亲密敌人笔记本等奖励。该电影的票房最后证明，这种网络营销活动还是很成功的。

在美国有一家网站和餐饮活动的结合，也让网民津津乐道。"我爱我的朋友，但是我更爱超级大汉堡"，这正是整个活动的传播流行语，是Facebook和汉堡王的一次促销！在你的个人Facebook账号里删除10名好友，就可以赢得一个超级大汉堡，虽然活动最后被叫停，但整个活动的病毒式传播，无疑是成功的。Facebook和汉堡王不仅赚了人气，也赚了银子。

网络活动是否具有趣味性，在很大程度上决定着能不能吸引网民积极参与，甚至直接决定网络活动的成败。为此，在策划网络活动时一定要了解网民的需求和关注点，找到能够激发他们参与的兴趣点，最好能做到精神与物质的双重刺激。

放开思路，网络营销活动创意无处不在。

（3）"拉关系"

策划的网络活动，目的无非是推广产品和品牌，因此，具体的活动策划就一定要和产品或品牌有关联。如果两者生拉硬拽，八竿子打不着，为了做活动而做活动，是没有任何实际意义的。

还是以Mr.ing为例。他们第二个活动的意图非常明显，就是限时降价促销。活动和销售直接挂钩了。他们的第一个活动其实也和产品联系在了一起。一开始谈论影片里男士的着装，最后巧妙地把话题落到了鞋上，并引出自己的产品。这种活动充分发挥出了网络活动的价值，不仅让人印象深刻，还直接促进了销售。

（4）高传播

做网络营销活动的目的是把产品和品牌传递给更多的客户，这也是整个活动在执行阶段能够取得成功的关键环节，千万不要像古代美女一样

"犹抱琵琶半遮面"。为了做好活动，我们可以借助多种网络营销平台。比如，我们可以在淘宝商城、当当网、京东商城等网站的首页做广告，可以在微博平台发布信息。总之，越多发布信息，让越多的人知道，我们的活动越有成功的可能性。

有了优秀的网络营销团队，公司领导者就要充分信任他们，放手让他们去做，不要因为他们一时没有结果就盲目动摇；作为公司员工，要重视并喜爱自己的工作，网络营销，是一份工作，更是一项事业。

二、舆情监测与危机公关：将网络营销危机变为转机

在网络大行其道的时代，网络危机随时都有爆发的可能。网络信息传播速度快、传播范围广，是所有的传统媒介都无法比拟的。几乎每一家企业都处在风口浪尖上，一旦发生网络危机，可能在很短的时间内，负面信息就会蔓延到网络的每一个角落，缺乏抵御能力和应变能力的企业，可能在一瞬间就会被网络危机冲垮。

1. 网络危机就是洪水猛兽

现在的危机公关有一个明显的趋势：越来越多的企业危机事件，首先是在网络上曝光，然后才在社会上流传。一条短信、一篇帖子、一条微博、一张图片，对企业来说，都可能成为危机的导火索，并可能把企业炸得遍体鳞伤。

互联网的传播，尤其是在企业危机方面，体现了惊人的影响力和破坏

力。这方面的例子太多了，比如，肯德基的苏丹红事件、三鹿的三聚氰胺事件、诺顿误杀导致操作系统崩溃事件、蓝月亮荧光增白剂危机、"皮鞋很忙"工业明胶事件、18 瓶可口可乐致命事件，等等。

为什么网络危机既能让长相非常非常一般的某某姐成为网络名人，也能让一个名人在一夜之间骂声四起、臭名远扬，还能让某个企业在朝夕之间负面新闻满天飞，名誉扫地。因为网络危机有着与传统危机不同的显著特点。

（1）自由性

在网络时代，网民们在网络世界里有着相当高的自由度，可以对任何事情发表意见。这是网络渠道与传统媒体区别最大的地方。网民们见到一些负面信息，都希望能够让更多的人看到，也许他们是善意提醒，但无形中对企业造成了危机。

（2）聚焦性

人们对于负面信息会表现出极高的关注度，特别是那种会涉及人身安全的事件，比如三聚氰胺事件、工业明胶事件等。只要出现这种事情，人们的注意力和批判就会像射到草船上的箭一样，瞬间聚焦。

（3）意外性

在网络环境下，时间和空间范围得到了最大限度的延展。我们不知道危机信息会在什么地方发出来，时间、规模、态势和影响，都始料未及，难以对此做到有效控制。

（4）紧迫性

就目前来看，发生危机事件的很多企业都是我们熟知的，而且有相当高的知名度，或者跟我们的生活密切相关，而且一旦爆发就迅雷不及掩耳。不管什么样的危机，都会对企业造成破坏，包括经济上的和形象上的。在网络环境下，这种信息的传播会给人以"飞一般的感觉"。如果不及时控制，或者决策失误，就会造成更大的损失。

针对以上这些网络危机的特性，我们应该快速反映，正确进行危机公关，彻底改变以前处理危机的思维方式、应对方式和解决方式。适时而变，掌握应对新媒体的技巧，才能驾驭危机，把危机变为转机，从而实现网络危机公关的目的。

2. 观望等于把定时炸弹拿在手里

所谓"兵来将挡，水来土掩"，危机来了不用怕，怕就怕面对危机，我们无所适从，甚至坐等转机出现。只要我们积极应对，主动出击，就有打好网络危机自卫反击战的可能。

有一首流行歌里唱道：我闭上眼睛就是天黑。对于网络危机来说，不管企业愿不愿意，只要发生危机，在短时间内永远不会天黑，企业的一举一动都会暴露在网络的"光天白日"之下。

面对网络危机，采取"鸵鸟政策"是无济于事的。我们应该重视网络上的与企业、行业有关的危机动态，重视客户投诉，利用便捷的网络传播渠道，激发公众对企业的美誉，将危机转变为扭转局面的制胜武器。

在轰轰烈烈的"三聚氰胺事件"中，三鹿本来是可以幸免于难的，但就是因为它的观望态度，为自己招来了杀身之祸。相比之下，伊利和蒙牛当时的表现就好多了，他们丝毫没有迟疑，而是迅速采取措施，其非凡的应对速度，让国内外很多公司都赞不绝口。当时，他们看到事态不妙，几乎一夜之间就在全国具有影响力的相关媒体上发布公告，对公众表明自己的立场，宣布之后的整改方案。结果大家都看到了，这两家企业成功度过了这场席卷全国乳业的大危机。

在互联网时代，企业的网络危机公关意识越来越重要。当危机还在"才露尖尖角"的萌芽状态时，我们就应该开始行动，不要采取观望态度，那样等于手里握了一枚炸弹，而我们却不知道它什么时候会爆炸。

3. 速度快，态度好，把危机消灭在摇篮中

速度和态度是衡量企业应对危机时的两大标准。速度，解决的是避免危机扩大的问题；态度，解决的是维系企业形象的问题。两者都非常重要，而且密切相关，缺一不可。

（1）行动要快速

快速，就是反应速度一定要快，如果等到危机已经危及企业存亡的时候再想着亡羊补牢，可能公众、媒体包括法律，未必会给企业改过的机会，三鹿就是一个活生生的典型。

（2）态度一定要诚恳

光有反应迅速还不行，还要从行动中让人看到企业的诚意。在发生"三聚氰胺"事件的时候，牛根生的"万言书"虽然没有起到决定性的作用，但通过这个行动，的确让公众和媒体看到了蒙牛的真诚。

我们再来看看丰田的"召回门"。丰田在这次事件中，行动不够迅速，态度不够诚恳。虽然他们也提出了整改措施，但不够及时，虽然他们的负责人也出面道歉了，但有些迟到。不过还好，从整体上看，他们的处理还算比较得当。但是，对此，我们应该引以为鉴。

态度决定一切。不诚恳的态度对网络危机来说是致命的。网络危机都不是空穴来风，甚至有很多都是证据确凿的。如果面对这种危机，我们支支吾吾，闪烁其词，或者干脆给自己找理由，试图辩解，都不是明智的选择。

（3）只说错误，不讲争论

发生危机事件，很多人首先想到的是保护企业利益，还对此据理力争，头头是道，丝毫不顾公众的感受和利益。一家企业，如果完全不顾及公众的利益，就算侥幸躲得过这次危机，以后还有谁会再去相信它呢？

在发生危机的当口，我们一定要管好自己的嘴。这是一条铁律。即便是被别人拉下水的，比窦娥还冤，也不要因为自己有理而试图与公众理论。

发生危机的时候，人们往往会情绪失控，而网络本身就是会"惊雷一声平地起"的地方，当所有的人都认为"你有问题"的时候，任何的辩解都是没用的。企业千万不能铤而走险，那样反而真的会惹祸上身，让事态恶化。

（4）公开处理结果

危机公关从来都不是用来粉饰太平的。发生危机，尤其是与公众切身利益密切相关的事件，每个人都希望企业老老实实地"交代"问题。我所说的公开处理情况，不是指开个新闻发布会公布一下处理方案就得了，而是说，每个阶段、每个步骤的处理结果都要公之于众。这样既能够让公众看到处理的结果，也能够让公众看到企业的态度。

在这一点上，高露洁、蒙牛等很多企业都可以说是典范，他们将每一个阶段的处理结果都透明化了，通过各种渠道向公众公布处理结果，并且都取得了非常好的效果。

4. 删帖永远不是最佳选择

企业有了负面新闻，往往想到的第一件事，就是找公关公司删帖，甚至断开搜索引擎。的确，这两种方法，尤其是后一种很有效果。因为，人们在上网的时候，最常用的工具之一就是搜索引擎。

但是，我想说，网络世界那么大，如果负面信息已经传到了大小门户网站、博客、微博、论坛、贴吧、QQ 群、手机新闻里，逐条删除是不可能的，断开搜索引擎也起不了多大的作用。况且，删帖根本就不是解决危机的根本方式，反而会被公众和媒体诟病。在互联网上，哪怕只有一个人知道这条负面消息，很快它就会影响到成千上万的网友。

案 例

2010 年 4 月，有人在天涯社区成都版发了一个反映成都市温江区城市用水问题的帖子，该帖反映自来水烧开后水垢太多，担心人喝了会不安全。此帖发出几小时后，有数名网友跟帖回复，大家开始讨论自来水的水质问题，最后甚至有网友由于情绪激动，认为这其中一定有什么不可告人的秘密。

后来有关人员打来电话，认为帖子里的言论有些极端，想让天涯删帖。天涯的工作人员告诉对方，删帖不是最合适的应对方法。然后，天涯建议他们正面应对网友提出的疑问。

几天之后，一份关于水质问题的回复帖子发了上来，其中既介绍了该区供水系统的现状，也坦言该区水硬度比地表水略大的事实，还宣布该区将投入近亿元用于提升饮水质量。这个帖子澄清了网友们对于水质影响健康的担心。最重要的是，它向大家公布了该区投入 9000 万元用于治理自来水饮水质量的计划以及近期和远期目标。

堵不如疏，事实也证明了疏导这种做法的正确性。当关于水质问题的回复帖发出去之后，网友们对此表示了充分的肯定、欢迎和支持。

从天涯里让一篇帖子消失，从百度上让一个关键词蒸发，确实是可行的。但是，这往往需要申请者正式发函，只要理由成立，技术人员可以屏蔽这个关键词的网络链接。有时候，甚至打开网页连"您所搜索的网页已经删除"这样的话都不会有。

真正的网络危机公关不应该是这样的。不逃避、不推卸、认真负责才是危机公关的核心所在。我们真正要做的是：不管是进行忏悔，还是采取种种诚意十足的补救方式，都需要通过论坛、网络视频、博客，或者微博等渠道，呈现在社会大众面前，表示企业的整改决心。只有这样，才有可能重新获得大众认可。

5. 借力使力，让危机成为转机、良机

任何事物都有两面性。网络本身是一个很好的营销渠道，但是，企业很有可能因为被网络曝光而名声扫地；反过来讲，企业如果把握得好，也能够借助网络有效改善自身形象。关键时刻，就看企业以什么样的态度来应对危机。

案 例

2005 年 4 月中旬，国内各大媒体纷纷转载了英国《旗帜晚报》的一篇报道：高露洁等品牌在内的数十种产品均含有三氯生。三氯生会和自来水中的氯发生化学反应，生成一种可能致癌的物质——三氯甲烷。

随着这则消息在中国的传播，高露洁的品牌信任度急转直下，销量也大幅缩水，经销商们也纷纷准备撤柜。尽管危机突如其来，而且愈演愈烈，但高露洁并没有自乱阵脚。

首先，包括高露洁亚太区总裁高仕亚在内的公司高层迅速建立了公关

团队。

然后广州高露洁棕榄公司致电《南方周末》，声明"有关近期个别外国媒体报道中提及的实验室研究报告，该报告中并无涉及牙膏，或提出任何针对高露洁全效牙膏使用安全性的内容"。

紧接着，高露洁召开了新闻发布会，正式对外界作出回应。指出高露洁牙膏是全世界经过最广泛测试和评估的，消费者完全可以放心使用。同时，还列举了大量独立第三方权威机构的证明，以及高露洁自身的安全记录。

当天，高露洁还播放了"三氯生危机"始作俑者的一段录音。始作俑者彼得表示：自己的研究只是有关自来水和含有玉洁纯的清洁剂相互之间的化学反应，根本没有涉及牙膏。同时称"刷牙时仅用少量的水，因此研究中所提及的化学反应不会发生在任何类型牙膏的使用过程中"。

最后公司宣布："高露洁牙膏是安全有效的。我们向消费者保证，你们可以继续对高露洁全效牙膏和在中国销售的其他牙膏产品充满信心。"这是对此次危机的结语，也是对消费者的承诺。

通过一系列危机公关活动，高露洁向社会充分展示了企业的核心价值理念、经营管理之道，成功消解了危机，挽回了消费者对高露洁的信任，重新树立了企业形象，销量也没有受到太大损失。

所谓"成也萧何，败也萧何"，对于网络危机，我们并不是一定就束手无策，对于危机，我们完全可以善加利用，把它变成一次展示企业形象、重塑企业信誉的良机。

怎样做才能达到这样的效果？

第一，像高露洁那样迅速组建危机处理团队，而且必须有公司高层参与。这样才能显示出企业对该事件的重视。

第二，利用媒体公关，合理引导舆论。高露洁的行动是非常迅速的。他们在危机事件爆发后随即联系了一些非常有影响力的媒体，还召开了一次声势浩大的新闻媒体发布会，公布了不少对高露洁有利的信息，这让人们觉得高露洁依旧是有效、有益、安全的产品。

第三，通过意见领袖树立权威。网络意见领袖的最大功能是将网民原本分散的意见整合起来，促成了一个最终的统一的意见，这种意见通常非常具有影响力。高露洁深谙此道，他们一面取得政府高层、主管部门的认可，一面组织专家、学者参加研讨会，从权威的角度证明了高露洁的清白。

第四，找出事件来源，并澄清事实。后来得知，这是美国教授彼得的一篇文章引发的危机，"解铃还须系铃人"，与其自己辩解，不如直接让始作俑者出来说话澄清事实真相，这样来得更直接。

通过如上一些做法，再加上恳切、诚实的态度，以及像温江区那样将改进措施、提升计划公之于众，一定能够成功转移社会大众的注意力，逐渐消除危机事件的不良影响。

6. 事前有预案，事后不慌乱

对于一家企业来说，最大的威胁不是原子弹，而是网络危机。网络危机来势汹汹、猝不及防，使我们不得不未雨绸缪，"一颗红心，两手准备"。

在危机处理上，有一个著名的"24小时原则"，说的是一旦遭遇危机，不论危机的性质如何，当事企业都要迅速主动介入，力争在第一个24小时内正面回应公众和媒体。在网络危机发生的初期，其迅猛程度，往往会超出我们的想象，如果不在第一个24小时及时采取行动，而是想着危机自生自灭，最后只能给企业造成更大的危机。

为了能在危机到来时快速反应，企业必须事先建立一套拿出来就能用的危机预警方案。方案应该包括以下一些内容。

第一，要成立包括企业领导、新闻发言人以及相关专业人员在内的危机处理小组，明确每个小组成员的职责。而且要保证，一旦发生网络危机，这个小组能够快速启动。

第二，不能只是要求领导们站在一线，而要培养全员危机意识，企业里的任何员工只要在网络上发现对企业不利的言论，都要引起高度重视，并及时反馈给危机处理小组的相关人员。

第三，对网络危机进行分类，列出危机评估表，详列出可能发生的危机，并且评估它们的等级，依发生的可能性从最可能到不太可能依序排列；可以按一般网络公关危机、纠缠性网络公关危机、影响类网络公关危机和严重网络公关危机，设定蓝、黄、橙、红四种颜色的危机预案，并详细规定具体的负责人、需要采取的措施、基本的步骤以及选择什么样的公关公司等。

第四，进行内部培训，以提高企业领导和公关人员的危机应对能力，同时应该要求企业上下统一口径。这样才能冷静自如、坦诚大度地面对媒体，正面而巧妙地回答媒体的质疑。

第五，要建立并维护良好的媒体合作平台，定期与媒体进行沟通，在获得媒体的信任与支持的同时，多发布一些与企业相关的正面信息。

第六，原则上，对于网络危机，企业应该每年有一次实战演习。可以设计一个突发状况，事前一定要保密，这样可以测试危机处理小组的应变能力。之后，我们可以就其中的具体表现，评价企业的危机处理水平，看看处理预案是否有需要改进的地方。

7. 密切关注网络舆情

密切关注网络舆情，可以将危机消除在萌芽状态。

案例

2010年7月14日，霸王公司在做常规媒体监测时发现，香港媒体《壹周刊》刊发了一篇以"霸王致癌"为题的报道，该报道称：霸王旗下中草药洗发露、首乌黑亮洗发露以及追风中草药洗发水，经过香港一家公证所化验后，均含有被美国列为致癌物质的二恶烷。

三个小时后，霸王在官方微博上就发表了《霸王集团关于香港＜壹周刊＞失实报道的严正声明》，表示霸王集团所有产品均严格按照中国现行法律、法规及标准之要求规范生产，经过严格的质量监控，客户可放心使用。

当天下午，霸王在6分钟内连发10篇微博，对二恶烷作出解释说明。傍晚时分，霸王再次发微博称，集团已将样品送交第三方检验机构进行检验，并预告：第二天将组织媒体发布会，进行事实澄清和信息发布。

霸王公司能够顺利度过这次危机，在很大程度上有赖于成功的媒体监测。如果没有进行这样的监测，等到不利信息被广泛传播到网络渠道时再进行"抢救"，恐怕局面就不好收拾了。

目前，很多企业都没有这种监控机制，这样一来，一旦发生危机，企业就会很被动，无法在第一时间作出反应。很多时候，一些大的网络危机都是由类似这样的小事件引发的。

企业应该建立一套实时的、立体的监控系统，将网络信息监测作为一项常规的工作去做，争取把危机消除在萌芽状态。具体操作可从以下几方面入手。

（1）设立网络安全专员

网络危机的应对与处理需要相关的专业知识，因此，企业应该在公共关系部门或者网络部门设立网络安全专员。这个岗位的主要职责是，与相关网络媒体保持联系，监测与企业相关的信息，并在发生网络危机的时候，根据相关职责调配人员，并按照标准程序处理危机。

（2）与政府监测部门合作

各地政府都先后成立了专门的网络舆情分析机构，24小时不间断地对重点网站、论坛进行监控。企业应该与这样的政府监测部门建立联系，及时获取关于企业的负面信息，以便于及时采取应对措施。

（3）全方位监测舆情

企业需要建立一套实时的、立体的监控系统，对网络信息进行全面过滤。监测的范围不能仅限于门户网站、传统纸媒、电视媒体等，要将专业网站、大型社区、博客、微博、视频等网络媒体、平台一网打尽，只要发现危机信息，就要公司全员高度重视，切不可马虎大意或抱有侥幸心理。

（4）突发事件监测

前面讲的几点都属于日常监测，需要不间断地定期进行。一旦发生了突发事件，更需要及时监测舆情动向，尤其是发生群体性突发事件的时候。

发生突发事件之后，任何一条"小道消息"都不能轻易放过，因为那很可能是点燃整个仓库的星星之火。这时候，我们要注意收集所有有价值的信息，并及时进行有效的信息分析，在最短的时间内拿出最有效的应对方案来。